Uwe Johnson

dargestellt von Jürgen Grambow

Rowohlt

rowohlts monographien begründet von Kurt Kusenberg
herausgegeben von Wolfgang Müller und Uwe Naumann

Redaktionsassistenz: Katrin Finkemeier
Umschlaggestaltung: Walter Hellmann
Vorderseite: Uwe Johnson
(Foto: Lütfi Özkök, Älvsjö/Schweden)
Rückseite: Im «Pferdestall», einer Berliner Kneipe,
mit Günter Grass, Sarah Haffner, Anna Grass, Klaus Roehler,
Ingeborg Bachmann und der Besitzerin (v. l.), 1963
(Akademie der Künste zu Berlin)
Frontispiz: Uwe Johnson in seiner Atelierwohnung.
Berlin-Friedenau, 1964

Originalausgabe
Veröffentlicht im Rowohlt Taschenbuch Verlag,
Reinbek bei Hamburg, September 1997
Copyright © 1997 by Rowohlt Taschenbuch Verlag GmbH,
Reinbek bei Hamburg
Alle Rechte an dieser Ausgabe vorbehalten
Satz Times PostScript Linotype Library, QuarkXPress 3.32
Gesamtherstellung Clausen & Bosse, Leck
Printed in Germany
ISBN 3 499 50445 6

3. Auflage August 2004

Inhalt

Gesine Cresspahl nachgegangen: 96. Straße in New York

Bilderwechsel: Als Bürger in der Welt

Und's müßte doch so sein, daß wir, uns erblickend
Sogleich erkennten unsre großen Nöte
Bertolt Brecht[1]

Seit Zusammenbruch des sozialistischen Weltlagers verstummt der Vorwurf nicht, wie denkende Menschen nur so lange diesem Schwindel hatten aufsitzen können. Handelt es sich um Schriftsteller, so steigert sich das Unverständnis in bohrende Anklagen. Der Vorwurf vergißt, zu welchem Eifer vermeintliche Schuld gegenüber Menschen, die gelitten hatten, anstachelt. Fast schon schien es eine Tautologie, vom konsequenten Antifaschismus des Sozialismus zu sprechen; zu nachdrücklich hatten die Kommunisten ihren Blutzoll in Spanienkrieg und Konzentrationslagern ausgespielt. Verbote, Verfolgungen und Emigration sprachen für sie. Für ihre Kritiker war der Verdacht, im alten befangen zu sein, allzeit schnell bei der Hand. Das erklärt möglicherweise, warum Uwe Johnsons Gedicht in Rolf Italiaanders Anthologie «Jenseits der deutsch-deutschen Grenze» von 1979 nie nachgedruckt und erst 1994 wieder zitiert wurde. Die Verse, die in ein größeres Briefganzes eingebunden waren, klingen nach Beschwichtigung, wie auf eine Frage oder einen Vorwurf hin geschrieben: *Die Orte des Aufwachsens aus dem Gedächtnis / verlieren, das hieße ja die Dievenow vergessen, / die für ein Kind zu breite Schlange / Wassers mit ihren niedrigen schwarzen Booten, / den glucksenden Fischkästen, / dem wildwüchsigen Bruch / und den federnden Wiesen an ihren Ufern.*[2] Der Schriftsteller wollte nicht in Nachbarschaft derer geraten, die man in der Sprache des Kalten Krieges «Revanchisten» nannte; mit einem Wort Wilhelm Raabes, dessen er sich bediente, vermied er alles, *durch Parteischriften den Tageslärm zu vermehren*[3]. Die Gleichsetzung von Antifaschismus und Staatssozialismus saß so tief in Bewußtsein und Unbewußtem der Ostdeutschen, aber auch vieler Linker in westlichen Ländern verankert, daß sie fortdauerte, auch nachdem die Vorstellung von der gerechteren Gesellschaft und dem Hoffnungspotential der sozialistischen Utopie längst aufgegeben worden war. Die deutsch-polnische Grenze an Oder und Neiße, 1950 in Guben vertraglich

Cammin an der Dievenow, heute Kamién Pomorski

festgeschrieben durch die DDR-Regierung, war ein so unumstößliches Ergebnis des Kriegsendes wie die deutsche Teilung, die mit Johnson in die Literatur gelangte. Schließlich prägten traumatisch nachwirkende Erfahrungen die Erinnerung an die frühe Kindheit, so daß Johnson nur zweimal auf sie zu sprechen kam. Gefragt nach ersten Leseerlebnissen, erzählte er von der Evakuierung der Deutschen Heimschule in Kosten, der er während seines zehnten Lebensjahres ausgeliefert war, und von Bücherfunden auf dem Dachboden der Großeltern mütterlicherseits in Darsewitz auf der Oderinsel Wollin. Die Lebensläufe, die Johnson abverlangt wurden aus unterschiedlichen Anlässen, variierte er je nach Adressat zweckgemäß, aber auch mit spielerischem Aplomb: Verräterisch dabei war, daß dieser Genauigkeitsfanatiker von einer Comenius-Schule sprach, obwohl die Grundschule in Anklam zu seiner Zeit, 1938 nämlich, als die Nazis Zeit fanden für allerlei Umbenennungen, den Namen des gebürtigen Anklamers und späteren kaiserlichen Leibmedikus' Christian Andreas Cothenius (1708–1789) erhalten hatte. Als Johnson eingeschult wurde, muß die Namengebung noch im Gedächtnis der Allgemeinheit lebendig gewesen sein; sie lag gerade zwei Jahre zurück, und so reich an namhaften Persönlichkeiten ist Anklam nicht. Der Heranwachsende machte daraus, in bezeichnender Verdrängung, einen ehrwürdigen Schulnamen[4], gegeben nach dem mährischen Bischof und Schulreformer Johann Amos Comenius (1592–1670). Einen der Lebens-

Vor Wahlen wurde die Nationale Front mit ihren «Aufklärungslo-
kalen» aktiv: «Und ich bin die ganze nasse Nacht unter den Later-
nen gelaufen und habe geheult über unsere geheime und demokratische Wahl.» (Karin in «Das dritte Buch über Achim», S. 166 f.)
Uwe Johnson um 1950

läufe läßt der Pommer Johnson quasi erst mit auslaufendem zehnten Lebensjahr beginnen, als die Familie aus Anklam flüchtete und in dem Dorf
von Vaterschwester und Schwager Unterschlupf suchte, in Recknitz im
Mecklenburgischen, in der Schmiede.

Die Umwertung aller Werte infolge des verlorenen Krieges vermochte
Johnson in das eingängige Bild vom Austausch der Porträts – Hitlers

durch Stalins – in Amtsstuben und Klassenräumen zu fassen. Der Schmied von Recknitz war als Amtsperson, wenn auch nur in einem kleinen, einem Nebenamt, in den kollabierenden Nazistaat eingebunden und litt jetzt an dessen Schwäche. Als der Zehnjährige, voller Erstaunen über die Irrtumsfähigkeit von Erwachsenen, fragte, wann denn nun die Fotografie des Reichskanzlers von der Wand käme, erhielt er die Antwort: *Das hat äe nich vedient, mein Kint.*[5]

Die Jugend von sogenanntem bürgerlichem Herkommen war nach 1945 bereit, sich notfalls gegen das eigene Elternhaus zu stellen, um vermeintliche Schuld abzutragen und den Faden anhaltender Verstrickung in soziales Unrecht selbst um den Preis persönlicher Nachteile durchzutrennen. Die Kaltblütigkeit und Ernüchterung der bei Kriegsende Schulentlassenen ging einher mit dem merkwürdigen Aufbaupathos des Neuanfangs; und genau an diesen vier bis sechs Jahre Älteren orientierten sich die Zehn- bis Zwölfjährigen. Als er die Oberschule besuchte, engagierte sich auch Johnson als Schülerfunktionär des staatlichen Jugendverbandes zuerst einmal rückhaltlos. Daß selbst 1950 noch sieben junge Menschen, darunter Schüler einer elften Klasse seiner Schule, im großen Saal des Hotels Zachow, dem einstigen Hotel «Erbgroßherzog» von Güstrow, einer Flugblattaktion wegen in – ungewöhnlich genug im sozialistischen Justizwesen – öffentlichem Prozeß zu hohen Zuchthausstrafen verurteilt wurden, mag den Schüler Johnson irritiert, wenn nicht schockiert haben, änderte an der Dienstwilligkeit erst einmal nichts. «Die große Strafkammer des Landgerichts Schwerin berief sich auf den SMAD-Befehl 201 und verurteilte sie wegen ‹Verbreitung von Gerüchten, Vorbereitung von Verschwörung und des Krieges, ‹Verbreitung von Boykotthetze, Völkerhaß und Störung der Blockpolitik›»[6] unter demagogischen Pöbeleien während der Prozeßführung. Der Güstrower «war der erste politische Prozeß, der von der DDR-Justiz in eigner Regie geführt» wurde.[7] Öffentlich, das hieß für die Kommunisten immer auch: propagandistisch tätig zu werden. Aber: die Angeklagten w a r e n in Berlin-Nikolassee gewesen, sie h a t t e n Flugbätter der «Kampfgruppe gegen Unmenschlichkeit» mitgebracht und geklebt. Die Nazis hatten nach dem Heimtückegesetz drakonischer gestraft als die neue Macht mit dem Boykottparagraphen, mit solchen Erwägungen mochte sich ein Sechzehnjähriger noch beschwichtigen, wenn er sich denn über widerstreitende Empfindungen überhaupt Rechenschaft ablegte. Da bedurfte es anderes und mehr, um die Übergriffe nicht als Ausnahme, sondern als grundsätzliche Pervertierung der Aufklärung in der importierten Fasson zu erkennen. Gesinnung erfordert Anlässe, damit sie sich äußern kann und äußern muß ohne Winkelzüge. Erst die Verteufelung und Verfolgung von Angehörigen der christlichen Jungen Gemeinde im Frühjahr 1953 stellte Johnson in den Konflikt von Anpassung und Aufbegehren, als ihn Funktionäre der FDJ aufforderten, die Konkurrenz mit dem Kugelkreuz auf einer Fakul-

Junge Welt

ORGAN DES ZENTRALRATS DER FREIEN DEUTSCHEN JUGEND

7. Jahrgang / Nr. 98 (A) Sonnabend, den 11. April 1953 Preis 10 Pf.

Schläger und Hetzer unter religiöser Maske

Freiberger FDJler fordern strengste Bestrafung dieser Elemente

Empörende Nachrichten über das republikfeindliche Auftreten der sogenannten „Jungen Gemeinde" und die schmutzige Tätigkeit bestimmter Geistlicher erreichen täglich unsere Redaktion. Es ist für jeden bereits offensichtlich geworden, daß die „Junge Gemeinde" unter der Maske der Religion im Auftrag Westberliner Terror- und Spionagezentralen die Einheit der Jugend zu spalten versucht.

Unter religiöser Maske treten Geistliche auf: Pfarrer Reichmuth von der Reglergemeinde in Erfurt schlug das Kind Margit Krätzer, die Tochter einer Volkspolizeiobermeisterin. Der Pfarrer Pöhlke in der Erfurter Pestalozzischule warf im Religionsunterricht mit einem Schlüssel nach der Schülerin Borg.

Im Kleide der Kirche wird versucht, die Jugend irrezuführen. Der Pfarrer Bötlar aus Farnroda, Bezirk Erfurt, hetzte in der „Jungen Gemeinde" gegen die Großbauten des Kommunismus. Er erklärte, daß es eine Sünde wider Gott sei, die von Gott geschaffenen Wüsten fruchtbar zu machen. Diejenigen, die die Welt verändern wollen, würden bestraft werden. Pfarrer Stammin in Nohra, Kreis Nordhausen, erklärte in der „Jungen Gemeinde", das Urteil gegen die Rosenbergs könne nicht verhindert werden, — und der Krieg in Korea sei ebenfalls etwas Unabwendbares.

Unter religiöser Maske wird versucht, unter Anwendung von Gewalt die Rechte der Jugend zu unterdrücken. Die FDJler im Versehrtenheim der evangelischen Hilfswerkes Elsenach, Elisabeth-Höhe bei Ruls, brachten in ihrem Aufenthaltsraum ein Transparent an, auf dem zu lesen stand: „Es gibt nur eine Jugendorganisation." Ein gewisser Diakon Prenzler, der Betreuer der sechs christlichen Heime des Kreises Elsenach, forderte die FDJler auf, das Transparent sofort zu entfernen. Als die FDJler dieser Forderung nicht nachkamen, riß Diakon Prenzler das Transparent herunter.

Auch Bilder, darunter ein Bild des Genossen Stalin, die die Jugendlichen in ihrem Schlafzimmer aufgehängt hatten, wurden heruntergerissen. In Weimar wurden FDJler von Posten der „Jungen Gemeinde", die rings um eine Kirche verteilt standen, belästigt.

Es ist nicht verwunderlich, daß solches Treiben den Protest der breiten Schichten der Jugend herausfordert. Es ist klar, daß die Jugend es nicht duldet, wenn die Grundlagen ihres neuen Lebens durch verbrecherische Elemente angetastet werden. Mit Recht schreibt die FDJ - Betriebsgruppe der Papiermaschinenwerke Freiberg in einem Brief an die „Junge Welt": „In der gegenwärtigen Situation, wo sich die westdeutschen Patrioten mit aller Kraft gegen die Kriegspolitik des Adenauer-Regimes einsetzen, wo Patrioten, wie der Sprecher der Jugend, Jupp Angenforth, in Gefängnisse geworfen, mißhandelt und verschleppt werden, ist es einfach untragbar, daß innerhalb der Deutschen Demokratischen Republik noch länger Menschen am Werke sein können, die in verbrecherischer Absicht Kriegshetze betreiben, auch nicht, wenn das unter dem Deckmantel der Kirche geschieht. Wir FDJler verlangen die Anwendung des Gesetzes zum Schutze des Friedens mit der strengsten Bestrafung dieser Elemente."

Mit Sonderausgaben der «Jungen Welt» begann der staatliche Jugendverband FDJ den Kampf gegen die Junge Gemeinde.

tätsversammlung an der Universität in Rostock mit falschen Anschuldigungen zu belasten. Obwohl selber nicht betroffen, da kirchlich so eng nicht gebunden, stellte der Neunzehnjährige seine Auftraggeber in mutiger Rede bloß und wies auf den Verfassungsbruch hin, den der Kirchenkampf darstellte. Das ist in der *Babendererde* wie in den *Begleitumständen* verarbeitet worden.

Uwe Johnson wurde relegiert und mit großer Wahrscheinlichkeit auch verhört; paradoxerweise rettete ihn der Aufstand des 17. Juni, in dessen Vorfeld die Kirchenverunglimpfung fiel. Die Regierung Grotewohl verständigte sich in ihren Bemühungen um Schadensbegrenzung am leichtesten noch mit der evangelischen Kirchenleitung, alle Vorfälle sollten als ein Mißverständnis wie nicht gewesen vergessen, alle Maßnahmen soll-

11

ten aufgehoben sein. 1979 kommentierte Uwe Johnson sarkastisch, *die Streichung* sei *gestrichen* worden.[8] Der Lakonismus läßt folgern, für den Gemaßregelten an der Basis hätte sich weder die eine noch die andere Seite der Streitenden Zeit für eine Entschuldigung oder auch nur andeutungsweise eine Erklärung genommen.

Im Gegenteil, diejenigen, die der Jungen Gemeinde nahestanden und denen die Attacken gegolten hatten, waren in kluger Voraussicht der Versammlung ferngeblieben oder hatten das rhetorische Strafgericht dumpf erduldend über sich ergehen lassen, den Wiedereingegliederten aber betrachteten sie mit Argwohn. Denn es blieb der Makel, zu einer bestimmten damals schon verhaßten und gefürchteten Institution zwangsläufig in Kontakt geraten zu sein. Verständigung durch verstohlene Blicke, wo er auftauchte, abbrechende Gespräche, sich auflösende Gruppen. Mißtrauen und Furcht, Furcht und Mißtrauen, konnte man es wissen? Außerdem war die mecklenburgische Landesuniversität Rostock zwar ehrwürdig alt, die erste Gründung im nordeuropäischen Raum überhaupt, aber es handelte sich doch um eine bescheidene Lehranstalt. Der einzige Germanist von Rang war Hermann Teuchert, der Wossidlos volkskundliche und dialektologische Sammlungen der Forschung zuführte.

Nach dem Hochschulwechsel von Rostock nach Leipzig 1954 konnte Johnson zwischen wahrhaft bedeutenden Lehrern wählen, dem Sprachwissenschaftler Theodor Frings, dem Klassikspezialisten Hermann August Korff, der nach dreißig Jahren immer noch aus dem «Geist der Goethezeit» las, und dem alerten Hans Mayer. Korff holte seine Sätze aus dem Manuskript, Zuhörer, die vergleichend mitlasen, die ihren aus dem Buch, so daß das Geräusch des vielfach nachklappernden Umblätterns die Vorlesung auf skurrile Weise denkwürdig machte. Auch Mayer pflegte die Marotten seiner Originalität: Der «andere, jüngere, selbst ein Emigrant, lehrte den literarischen Zeitgeist, den er ganz selbstverständlich in Thomas Mann verleiblicht sah. Zwischen dem alten Olymp [Korff] und dem neuen Olymp [Mayer] kam es öfter zu Machtproben, die meistens zugunsten des neuen ausgingen. Wir nämlich, wenn wir schon Texte vorwärts und rückwärts buchstabieren mußten, taten es lieber am ‹Zauberberg› als am ‹Wilhelm Meister›», erinnerte sich ein anderer Mayer-Schüler, der ins letzte Studienjahr ging, als Johnson den Wechsel vollzog.[9] Bloch war die Kapazität in der marxistischen Philosophie, Werner Krauss, dem die Nationalsozialisten ein Ende unterm Fallbeil zugedacht und der in der Todeszelle einen merkwürdigen Roman geschrieben hatte, um den fatalen Kreislauf immer derselben Gedanken zu durchbrechen[10], war Ordinarius der Romanisten und Ziehvater späterer namhafter Hispanisten. Auch dort konnte man gastweise hineinhören. Das in der DDR unerwünschte Buchmanuskript eines Krauss-Adepten, Fritz Rudolf Fries' bittere Jazzseligkeit «Der Weg nach Oobliadooh», empfahl 1966 kein anderer als Uwe Johnson Siegfried Unseld zum Druck. Mayers

Theodor Frings   Hermann August Korff

Die Germanistik in Leipzig bot drei Möglichkeiten: «Die eine hieß Frings und war der letzte König, die andere hieß Korff. Noch eine hieß Hans Mayer.» («Einer meiner Lehrer»)

bewußt vage formulierten Lesescheine schließlich öffneten Zugang selbst zu den unter Verschluß gehaltenen Konterbanden in der Deutschen Bücherei. Hier, wie in der Deutschen Bibliothek in Frankfurt, war ausnahmslos jedes deutschsprachige Buch eingestellt. Und, unverhofftes Glück, Johnson geriet in Leipzig in einen Freundeskreis Gleichgesonnener und Hochbegabter, die sich in Lektüre und Gespräch ausprobierten. *In eine Gruppe von Freunden aufgenommen zu werden*, sei ein *seltenes lebensgeschichtliches Geschenk*, erinnerte sich Johnson später [11] dankbar. Einer von ihnen hatte, intensiver noch als Johnson, als Untersuchungshäftling mit der Justizmaschinerie Bekanntschaft gemacht, weil er einige Exemplare der Zeitschrift «Der Monat» aus Westberlin nach Leipzig zu schmuggeln versuchte, und ihn rettete, gleich Johnson, der Arbeiteraufstand vor weiterem. Vor allem aber kamen die Freundschaften zum genau richtigen Zeitpunkt, als das Leben noch aus lauter Möglichkeiten bestand, und sie erwiesen sich als Lebensfreundschaften. Mit «unverabredeten Spielregeln, unbedingter Verläßlichkeit und freiem Umgang mit allem, was dem einen oder dem anderen wichtig war», bildete der Kreis «eine ebenso prägende wie spontane Lebensform».[12]

Mehr aus dem Land hinausgedrängt, denn einen Schlußstrich ziehend oder gar aus schon reflektierten Unvereinbarkeiten den andersartigen Lebensraum wählend, gelangte Uwe Johnson fünfundzwanzigjährig an den Kristallisationspunkt anhaltender Spannungen, aber auch sich vorberei-

13

tender Veränderungen, nach Westberlin. Eingebunden in die Machtblöcke, war Deutschland so etwas wie ein Stimmungsbarometer für die politische Großwetterlage, der Zeiger aber dieses Barometers hieß Berlin. 1948 hatten die Sowjets die Stadt eingeschnürt in einem undurchlässigen Ring, sie war aus der Luft durch «Rosinenbomber» der Amerikaner mit Care-Paketen und den allernotwendigsten Lebensmitteln versorgt worden, weshalb die Russen 1949 ihre Blockade aufgaben, aber die Drohgebärde blieb erhalten. Auf Berlin fixierte sich nicht nur die zentralistisch regierte DDR, die Bundesrepublik beklagte an Berlin so etwas wie einen Phantomschmerz über die verlorengegangene Hauptstadt. Uwe Johnson besaß hinreichend Talent und Charakter, aber auch die wägende Besonnenheit, um auf Saulus-Paulus-Effekte in seinen Äußerungen und in seinem Schreiben verzichten zu können. Das pressewirksame geistig-deklamatorische Überlaufen überließ er anderen. Manchmal war das abgeklärt Vernünftige seiner Reaktionsskala dem Unerklärlichen benachbart, so, als der Sechsundzwanzigjährige in Bremen auf das Preisgeld verzichtete und präventiv verlauten ließ, ihm brauche man, nach dem schnöden Umgang mit Günter Grass, den Rudolf-Alexander-Schröder-Preis gar nicht erst anzutragen: *Mit dieser solidarischen Haltung sollte man in Bremen rechnen.*[13] In der Autorengeneration, der man diesen Schriftsteller zurechnen kann, war Johnson der Jüngste. Zum Vergleich: Ingeborg Bachmann wurde 1926 geboren, Günter Grass und Martin Walser 1927, Hans Magnus Enzensberger und Christa Wolf gehören dem Jahrgang 1929 an, Thomas Bernhards Geburtsjahr ist 1931.

Die Anforderungen, denen Johnson nach dem Wohnortwechsel genügen mußte, waren andere und änderten sich mit rasanter Schnelligkeit. Der Kontakt zu Hans Werner Richter und einer österreichischen Berlin-Stipendiatin der Ford Foundation namens Ingeborg Bachmann, der nachbarschaftliche Umgang mit Enzensberger, Grass und Walter Höllerer bedeutete eine rasche Einbindung in den Kern der «Gruppe 47», in der potenziert sich fortsetzen ließ, was im Leipziger Freundeskreis mit literarischen und Weltanschauungsdebatten begonnen hatte. Die Literatur suchte in den späten sechziger Jahren noch das Gespräch mit der Politik, mit deren sozialdemokratischem Teil um Willy Brandt und Karl Schiller jedenfalls. Aber auch Brandts Stellvertreter als Vorsitzender der SPD, Herbert Wehner, und Erhard Eppler waren zugegen.

In sich radikalisierenden Zeiten war Johnson vielleicht zu wenig erregt, um breitere Aufmerksamkeit auf sich zu ziehen, zu lakonisch distanziert, um zu überzeugen; sein Stil sei «nicht sozialkritisch, nicht moralistisch, nicht engagiert», hatte Horst Bienek 1962 befunden.[14] Er war dabei, als ein Häuflein von Autoren aus der «Gruppe 47» gegen die Diffamierung des CDU-Politikers Joseph Hermann Dufhues, da habe sich eine andere Reichsschrifttumskammer etabliert, vor Gericht zog, er formulierte den Protest gegen die Haussuchung in Redaktionsräumen

1965 tagte die «Gruppe 47» in der Grunewaldvilla des SFB.
Johnson zwischen Siegfried Lenz und Peter Bichsel

und Archiv des «Spiegel» zusammen mit anderen, aber Johnson absolvierte derlei wie eine Pflicht, uneitel und ohne ausgestellte Entrüstung, auch wohl ohne rechten Glauben an ein Gelingen. Erst heute erweist Johnson sich mit seiner Skepsis als der klarsichtig analysierende politische Kopf, der gesellschaftliche Entwicklungen beim Namen nannte. Zum bitteren Teil seiner Erfahrungen wird die Einsicht gehört haben, daß man Gegner nicht zu überzeugen vermag, weder durch Qualität noch durch Beweise und nicht durch Fairness, vielmehr schlichtweg überhaupt nicht: Sie lesen die konträre Meinung kaum oder schaffen jede Kehrtwendung anstandslos. Johnson brauchte nicht politisiert zu werden, sein Geschichtsinteresse und seine Begabung, öffentlich Bedeutungsvolles seismographisch aufzuzeichnen, waren durch Schulanforderungen und das eigenartige Übergreifen des Realsozialistischen in die privaten Lebensbereiche in der DDR ausgeprägt worden. Aber sein Politikverständnis war eher tatkräftig praktisch denn deklamatorisch oder moralisierend pädagogisch. Er nahm Verbindung zur Fluchthelfergruppe Girrmann auf, die ostdeutsche Ausreisewillige unter erheblichem eigenem Risiko in den Westen schleuste, er ermunterte die Berliner durch Fernsehkritiken im «Tagesspiegel», sich durch das Babelsberger Programm wohlfeil frei Haus eigene Eindrücke von dem sie umgebenden feindlichen Anderen zu verschaffen, und seine Aufsätze zum S-Bahn-Boykott versuchten, den urbanen Lebensnerv Berlins vor Schädigungen, die ins eigene Fleisch schnitten, zu bewahren.

Die drei Jahre nach dem Staatsexamen von 1956–1959 stellungslos, hatte der diplomierte germanistische Gelegenheitsarbeiter mit den Zügen der maroden Deutschen Reichsbahn pendeln und zwischen den Aufenthaltsorten Leipzig, Berlin und Güstrow wählen dürfen, allenfalls unternahm er noch Abstecher an die Ostsee nach Rostock, und über Ribnitz auf das Fischland. (Nebenbei gesagt, Johnson wird Gesine Cresspahl im mecklenburgischen Teil des Dorfes Ahrenshoop, in Althagen, Ferien machen lassen, nicht in der schon pommerschen Stammgemeinde.) Schon den westlichen Teil von Berlin suchten DDR-Bewohner nur unter erheblichem Risiko auf. Nun, nach dem Wechsel, flog er nach Frankfurt und Mailand zu seinen Verlegern und nach New Orleans in die Nähe des bewunderten William Faulkner, drang sogar in dessen Haus vor. Jean Genet lernte er in Paris kennen und den Polen Witold Gombrowicz, der wie die Bachmann Gast der Ford Foundation war, in Berlin. Die beiden hatten sich wenig zu sagen, wie man weiß.[15] Johnson wurde Gasthörer in Henry Kissingers Sommerseminar an der Harvard University schon 1961, am Ende des Jahrzehnts dann Schulbuchlektor von Harcourt, Brace & World, mithin New Yorker Einwohner auf Zeit. Harvard hatte ihn bereits 1961 zu ersten Gastvorträgen in die germanistischen Seminare von Detroit und Cambridge/Mass. vermittelt. Als das Canyon-College im Mai 1965 Grass die Ehrendoktorwürde verlieh, begleitete Johnson den Freund. Die durch Handkes Auftritt spektakuläre 28. Tagung Mitte April 1966 führte die «Gruppe 47» in die amerikanische Universitätsstadt Princeton, auch da war Johnson dabei. Hermann Hesse lud den Autor der *Mutmassungen* nach Montagnola ins Tessin ein. Vorbereitungen auf die Herausgabe eines übernationalen Periodikums ließen Johnson als den ausersehenen Redakteur des «Gulliver» – so sollte die Zeitschrift heißen, nachdem Titel wie «Work in Progress», «Diskurs» und «Guernica» verworfen worden waren – einem Unterhändler gleich mehrere europäische Hauptstädte aufsuchen. Eine Titelüberlegung, da vermag man den Urheber auszumachen, lautete «Jerichow». Schließlich unterzog sich Uwe Johnson als einziger deutschsprachiger Schriftsteller der Ehrenpflicht, zur Beerdigung von Peter Weiss nach Schweden zu reisen. Auch Weiss, glücklos in der «Gruppe 47», extrem einzelgängerisch und Außenseiter wie Johnson, hatte in dem ereignisreichen Jahrzehnt eine Wohnadresse in Berlin unterhalten. Die Umstellung, die der Wechsel von Ost nach West mit sich gebracht hatte, begann mit der Buchung regulärer Hotel- oder Pensionszimmer statt der Suche nach privaten Unterschlupfmöglichkeiten. So etwas macht ein anderes Lebensgefühl.

Dieser Johnson teilte sich in eine öffentliche Figur und den Schreibklausner mit penibel eingehaltenen Arbeitsstunden und einem enormen

Uwe Johnson.
Kohlezeichnung
von Günter Grass,
1961

Schreibpensum. Nach der Geburt seiner Tochter Katharina 1962 und dem Erwerb einer Wohnung Stierstraße 3 trennte Johnson Arbeits- und Lebensbereich auch räumlich. Obwohl das noch zu den geringfügigsten aller möglichen Marotten von Schreibern zählt, wird diese Auffassung von Arbeit noch heute mit einem Kopfschütteln oder verständnisloser Geringschätzung bedacht. In dreißig Schaffensjahren brachte Uwe Johnson vier Übersetzungen resp. Übertragungen ins Hochdeutsche heraus, schrieb er kontinuierlich kleinere und Nebenarbeiten, die, postume Veröffentlichungen eingeschlossen, am Ende sechs Bändchen Prosa und zwei mit Interviews und Porträts füllen sollten, was bei einem Mann im Ruf eines ausgesprochenen Romanschreibers verwundert. Und dann die fünf Romane, wobei der ins Zentrum rückende, die *Jahrestage*, nach Art der Veröffentlichungen im 19. Jahrhundert in vier Lieferungen herauskam.

Sein Bedürfnis, anderen etwas erklären zu müssen, brachte Johnson

17

beinahe um den Aufenthalt in der Villa Massimo in Rom. Als sein italienischer Verleger Giangiacomo Feltrinelli ihn bei Erscheinen der Übersetzung der *Mutmassungen* nach Mailand einlud, wies Johnson in einem Rundgespräch auf die ökonomischen Schwierigkeiten der SED hin, die zum Mauerbau geführt hatten. Seine Ansichten fanden Beifall nur auf italienischer Seite. Ausgerechnet durch Hermann Kesten, ausgewiesen als besonnener Lektor und von unzweifelhafter Lauterkeit als Emigrant, überdies ein Menschenleben älter als Johnson, sah sich der eher respektvolle Jüngere in das Wechselbad von verlegerischer Zuwendung und journalistischer Häme getaucht. Nur Tonbandbeweise vermochten die Unterstellungen zu entkräften. Auch diese Schrammen waren Teil einer Lebenslehre, die der nur auf sich gestellte Schriftsteller in der Frankfurter Poetikvorlesung in Worte zu fassen suchte. Wie tief und wie dauerhaft Kestens aufgeregte Verdrehungen und die durch sie entfachte Pressekampagne Johnson getroffen hatten, signalisierte er noch 1979, indem er aus der Darmstädter Akademie wieder austrat, weil sie in einem Ausstellungskatalog zu Johnsons Ungunsten die alte Geschichte aufgewärmt hatte. Sie bildet, neben der «Spiegel»-Affäre, das gesellschaftliche Unterfutter der Erzählung *Eine Reise wegwohin*.

Daß Johnson kameradschaftlichen Umgang mit Wolfgang Neuss unterhielt, war Großstadtalltäglichkeit, die sich ergab aus Nachbarschaft und Zufall und Inselsituation Berlins. Dennoch scheint die Kameraderie geeignet, sein Verhältnis zum Zankapfel Berlin zu beleuchten. Der Kabarettist und Sänger aus Kurt Hoffmanns (Wirtschafts-)«Wunderkinder»-Film war nämlich so sehr eine Symbolfigur der permanent gefährdeten insularen Enklave, daß Johnson sich mit John F. Kennedys demonstrativem Ausspruch als «Börlinärr» hätte bezeichnen können. Johnson lektorierte Manuskripte von Max Frisch und Ernst Bloch, noch Alexander Mitscherlich machte er durch Briefwechsel zum Mitarbeiter der *Jahrestage*. Stabile Freundschaften mit der Publizistin Margret Boveri, die er in Tonbandgesprächen schonungslos attackierte, mit Helen Wolff und Hannah Arendt bahnten sich an.

Alle diese Kontakte wirkten auf das Werk ein, wiewohl sie Ergebnis schriftstellerischer Arbeit waren. An Johnsons Biographie läßt sich der Stellenwert, den Literatur einmal einnahm, ermessen.

Auch in seinen Gelegenheitsarbeiten bleibt sich der Autor treu. Die Neufassung des «Nibelungenlieds» für Reclam und die Übersetzung des Melvilleschen «Israel Potter» einst in Leipzig waren Brotarbeiten, die Vermögen und Spannweite des jungen Johnson andeuteten. Nun ordnete er in Absprache mit Brechts Witwe Helene Weigel die spröden philosophischen Anekdoten aus den dreißiger und vierziger Jahren zum 1965 veröffentlichten «Me-ti». Brecht hatte Beobachtungen zu augenfällig Widersinnigem in der Politik der Komintern und den folgenschweren Entscheidungen Stalins, zum Verhalten der deutschen Kommunisten in der

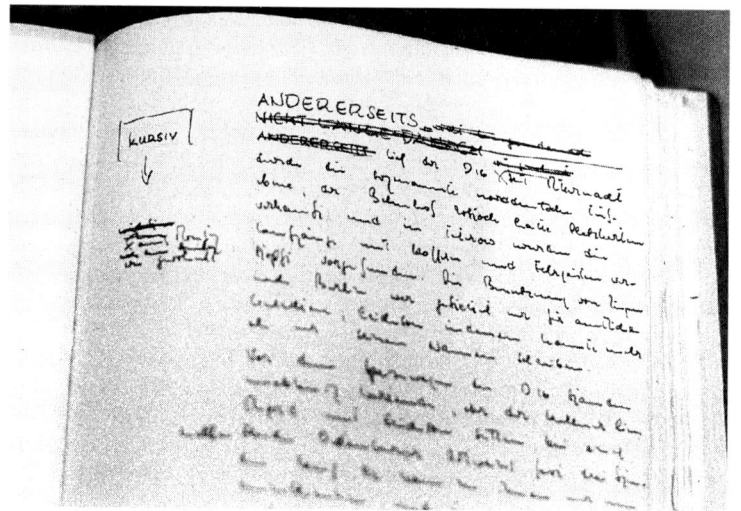

Sollte unter dem Pseudonym «Joachim Catt» erscheinen: «Ingrid Babendererde.
Reifeprüfung 1953». Erste Manuskriptseite

Emigration, aber auch seine Liebe zu der dänischen Arztfrau und Schauspielerin Ruth Berlau in das Gewand fernöstlicher Spruchweisheiten ge-
kleidet. Das Fragment wurde 1933 begonnen, Brecht schrieb es fort bis in
sein Todesjahr 1956. Als Herausgeber machte Johnson diesen Teil des
Brechtschen Nachlasses öffentlich, ehe 1975 Werner Mittenzwei und
Klaus Völker sich des Materials erneut und unabhängig voneinander an-
nahmen. Im Nebeneffekt konnte er durch diese Auftragsarbeit unbehel-
ligt nach Ostberlin reisen. Klaus Gysi freilich, Verlagsleiter bei Aufbau
nach Walter Jankas Verhaftung und nachmaliger Kulturminister, fürchtete die «Aufwertung [Johnsons] durch diese Verbindung zu Brecht»[16].
Gespräche mit Hans Bunge und Hanns Eisler ergaben sich, ansonsten
ließ Johnson sich Fotokopien fertigen und stellte das Manuskript in Rom
zusammen.

Peter Suhrkamps Einwand gegen das erste Buchmanuskript *Ingrid
Babendererde. Reifeprüfung 1953*, was Johnson mitzuteilen habe, sei zuwenig welthaltig, wurde durch die nachfolgenden Arbeiten gründlich wi-
derlegt. Uwe Johnson hat alle seine Bücher an historisch gravierende
Daten gebunden, die der Sozialismus unbußfertig verdrängte; die Auf-
stände in Mitteldeutschland und in Ungarn 1953 und 1956 bilden den geschichtlichen Hintergrund der *Mutmassungen* und des *Dritten Buchs
über Achim*, der Mauerbau 1961 gibt die zeitgeschichtliche Folie ab zu
den *Zwei Ansichten*. Selbst wenn der Autor starrköpfig das Private des

Einschnitts und der Abfolge der *täglichen Tage*[17] aus den Jahren 1967/68 behauptete, so läuft das Zieldatum der *Jahrestage* folgerichtig auf das Scheitern des Versuchs hinaus, den Sozialismus in Alexander Dubčeks Prag von innen heraus in Selbstreinigung zu demokratisieren. Ohne Gleichsetzung der totalitären Systeme auf deutschem Boden, unaufgeregt und ganz ohne gleichmacherische Austarierung bilden, neben den großen historischen Zäsuren, die sogenannte Reichskristallnacht, der Holocaust und Stalins Verteufelung jüdischer Ärzte, die Deutsche Evangelische Kirche im Dritten Reich und der atheistische Kirchenkampf der DDR, aber auch der Absolutheitsanspruch der Kirchendogmen, das Versagen der Sozialdemokraten und die Übergriffe der Staatssozialisten auf das Raiffeisenvermögen, Kollektivierung auf dem Lande, die systematische Zwangsaussiedlung entlang der Demarkationslinie, die Verhaftungen und das Lagerelend, die Intellektuellenschelte in der Tauwetterzeit 1956 den Sprengstoff seiner Bücher, was sie Kulturpolitikern in der DDR unannehmbar machte, sogar indiskutabel. Die 2000 Worte der tschechischen Charta der Menschenrechte eines Ludvík Vaculík, zur Gänze aufgenommen in die *Jahrestage*, mußten ihnen ein Ärgernis sein. Die Ära Adenauer mit den reaktivierten Nazibeamten, deren Ende Johnson schon nicht mehr in Berlin abwartete, ist präsent noch in der Kanzlerschelte für Kurt Georg Kiesinger, die die *Jahrestage* durchzieht.

Fast klingt es wie gut erfunden, daß die Puddingbomben, mit denen die studentische Kommune den amerikanischen Vizepräsidenten Hubert H. Humphrey in Berlin zu empfangen gedachte, in der Küche des abwesenden Wohnungsinhabers Johnson gekocht wurden. Wobei sich in seinem Atelier nicht der witzig-einfallsreiche Teil der Kommune I mit Hans-Joachim Hameister und Rainer Langhans, Dieter Kunzelmann und Fritz Teufel einquartiert hatte, sondern der andere um Dagrun Enzensberger, der eher aggressiv schrille.

Erst im Rückblick, wenn man alle Stationen dieses Lebens überschaut, offenbart sich, in welchem Ausmaß gerade Johnson auch international involviert war in die Bewegungen seiner Zeit, nicht nur in dem, was er schrieb, sondern auch in dem, was er lebte. Er hat Zeitgeschichte nicht nur ab-, sondern mitgeschrieben. Eine europäisch gelebte Biographie, wie ein Vorgriff auf Künftiges. Und noch ein Dualismus in seinem Wesen und seinem Schaffen wurde fruchtbar; obwohl Intellektueller wie kaum einer, unternahm der Romanautor größte Anstrengungen, sinnlich zu erzählen, andererseits aber flossen «literarische Zusammenhänge [aus dem] Weltgespräch der Dichtung»[18] in Anspielung, im Fortspinnen und Variieren, Unterlaufen und Entgegensetzen, im Einverleiben auf das Selbstverständlichste in die Texturen ein.

Berlin blieb Johnson durch die Vizepräsidentschaft der Akademie der Künste verbunden, als die Stadt sein Berlin schon nicht mehr war. Mit Hans Mayer als dem Fachmann für Germanistisches richtete er in seiner

Funktion ein Beckett-Kolloquium aus. Noch als Peter Huchel im Frühjahr 1971 seine Ausreise aus der DDR nach einem Jahrzehnt der Isolation in Wilhelmshorst vorbereitete, führte ihn ein Sekretär der Akademie am Hanseatenweg des Abends zusammen mit Jürgen Becker und Hans Mayer zu den Johnsons nach Friedenau.[19] Am Ende seines Lebens nahm er teil an den Friedensgesprächen zur Schadensbegrenzung bei der atomaren Hochrüstung. Die Schriftsteller konnten nicht verhindern, daß Cruise missiles und SS 20 aufgestellt werden sollten, aber indem sie die Menschenrechtsdebatte, die in Helsinki in Gang gesetzt worden war, nicht aussetzten wie bei politischen Zuspitzungen zuvor sonst immer, leiteten sie vielleicht die letale Phase für das ostdeutsche Staatswesen ein. Im tiefsten Wesen seines Grundverständnisses politisiert wie kaum ein deutscher Schriftsteller, reagierte Johnson auf das Etikett vom «Dichter der beiden Deutschland»[20] unwirsch. Der Etikettierungen überhaupt überdrüssig, bestand er darauf, seine Bücher seien nicht auf Signalworte hin einzugrenzen. Die Geschichten dürften nicht auf den jeweiligen Zwischenfall reduziert werden. Als Germanist, dem die Gnade naturwüchsigen Schreibens wohl selten zuteil wurde, verwies Johnson mit Vorliebe auf die *privaten Frühstücke*, die er schildere, Alltagsstoff also und Liebesgeschichten. Andererseits sollte seine Prosa nicht in vagen *Winter- und Weihnachtsgefühlen*[21] verdampfen, womit er ein milde erinnerndes Ungefähr abtat.

Man hat die *Jahrestage* als ein Monument der Gerechtigkeit bezeichnet. In der Tat verfolgt der Autor das Schicksal von etwa 120 Personen über einen Zeitraum von 40 Jahren. Herausgefunden werden sollte, *was in der Vergangenheit [Gesine Cresspahl] in ihren gegenwärtigen Zustand gebracht hat*[22], wie analog dazu ja auch im *Dritten Buch über Achim* gefragt wird, *was ist da? und wie kam es dazu?*[23]

Die erste, auf 504 Seiten eingeschmolzene amerikanische Ausgabe der *Jahrestage*, *Anniversaries*, läßt ahnen, wie wichtig die Anekdoten und alle Querverweise auf Vorgeschichten und Verwandtschaften, die Lebensläufe selbst der nebensächlicheren Figuren für den Kosmos *Jahrestage* sind, damit dem Leser anderes als Demonstrationsmaterial vor Augen tritt. *Anniversaries* erzählt vordringlich die Geschichte zweier Frauen, von Tochter und Mutter, die Beziehung Gesines zu Lisbeth.

Die amerikanische Ausgabe der «Jahrestage». Schutzumschlag, 1974

Für eine lange Zeit, eigentlich in seinem gesamten Werk, war Uwe Johnson in Sprache und Denken Anwalt der Menschen, deren Leben die DDR geprägt hatte, gegenüber den sich anderweitig orientierenden, also sich entfernenden westdeutschen Verwandten. Daß Johnson Westdeutschland auffällig aus seiner Darstellung heraushielt, hat nichts mit der Höflichkeit des Gastes zu tun, der er anfänglich war, anderenfalls hätte er New York ganz aus dem Spiel lassen müssen. Und Gründe, mehr beispielsweise über Düsseldorf zu sagen, als er dann tatsächlich schrieb, finden sich schon dadurch, daß die Stadt Gesine Arbeit bot und ein vorübergehendes zweites Zuhause und für Marie zum Geburtsort wurde. Eine wirkliche Alternative durch *Verwirklichung auch von Erwartungen, die die DDR enttäuscht hat*[24], bot die Bundesrepublik nicht. Wer den eigenen Standpunkt nicht in Abhängigkeit von Parteiungen und populistischen Proklamationen definieren mochte, sah sich selbst in der politisch aufgeregten Zeit der endsechziger Jahre auf Papierenes verwiesen; das Zusammenwirken und Widerspiel von Stimmzetteln und von Geldscheinen wurde gepriesen inmitten der großen Gleichgültigkeit des Pluralistischen. Als nicht einmal ausgemacht könne gelten, bemerkt Johnson mit sichtlichem Bedauern, *ob die Bundesrepublik einer Loyalität bedarf, die über die Umlage kommunaler Kosten hinausginge*[25]. Geschrieben zu einer Zeit, als die Wirtschaft noch unersättlichen Bedarf an Menschen hatte. Darüber war aus seiner Sicht so viel also nicht zu sagen. Leicht sarkastisch heißt es in den *Begleitumständen: Mit Mailand, Milano, [...] ist das eine andere Sache. Da wohnt Karsch schon lange.*[26]

Die politischen Verhältnisse als persönliche Verstrickungen darzustellen, mag Johnsons wichtigste Leistung sein. Er faßte die sich deutsch und demokratisch gerierende DDR-Diktatur in das Bild einer ehrpusseligen Erzieherin, die immer wieder ertappt wird, wie sie auf beiden Schultern trägt. Was besagen soll: sie lügt. Irgendwann war die ihr bei aller Schrulligkeit zugestandene Integrität beschädigt. Johnson untersuchte ein vorwiegend emotionales, affektbeladenes Verhalten auf seiten der Bürger und auf seiten des Staates expressis verbis in dem *Versuch, eine Mentalität zu erklären. Wenn es einer Staatsmacht freisteht, eine Staatsbürgerschaft zu verhängen über Leute, die sie bei der Machtübernahme auf ihrem Territorium vorgefunden hat, so muß es diesen Leuten freigestellt werden, auf Staatsbürgerschaften von sich aus zu verzichten. Auch Palmström hatte ja seine Gründe, als er das Kreuz für Kunst mit Dank zurückreichte. Was an Biographie gestiftet wurde, war immerhin nicht alles notwendig zum Leben. Es sei unnötig, die Rechnung neu aufzumachen, aber sie [vertrüge] es, offen zu bleiben.*[27] Erst als die Bindung an die DDR alles Persönliche verloren hatte, konnte er sagen, es sei vorbei, für ihn schien es jedenfalls vorbei. Herkunft und Heimat wurden zur *Privatsache*[28], zwangsläufig, blieben aber das Zentrum seines Schreibens ein Leben lang.

Schule und andere Kümmernisse

Uwe Johnson wurde am 20. Juli 1934 in Cammin geboren; neben dem Rufnamen ließen die Eltern «Klaus» und «Dietrich» als weitere Vornamen in das Geburtsregister eintragen. Nicht nur aus Gründen der Ähnlichkeit mit der polnischen Namensform Kamién Pomorski setzte Johnson in seinen Lebensläufen gelegentlich ein K an den Anfang des Ortsnamens, historisch schwankte die Schreibweise tatsächlich zwischen allen denkbaren Spielarten von Chamin bis Kaminum. Der Pomeranenfürst Wartislaw der Bekenner konnte sich rühmen, er habe «Eilffhundert vier und zweintzik Jar» nach Christi Geburt «gestifftet fein / Das herlich Bischtumb zu Camein»[29]. Diese ersten Christianisierungsversuche erlitten Rückschläge, rund ein Jahrhundert lang versuchten die Bekehrten, in Aufständen zu ihren Götzen zurückzukehren und sich gegen polnische Übergriffe wie gegen die deutsche Lehenshoheit zu wehren. Der alte Bischofssitz an der Dievenow hatte bei der Ostkolonisierung eine Rolle gespielt. 1170 scheiterten die Dänen an dieser so überaus festen, einer der Hauptburgen Pommerns, die schon in der «Knythlinga»-Sage «Steinburg» genannt wird.[30] Hans Werner Richter hat die Domstadt am Ende der zwanziger Jahre als «Inbegriff der Reaktion und bornierten Rückständigkeit» empfunden, als einen Ort, in dem es «nur Deutschnationale und Nationalisten» zu geben schien.[31] Dom, Schule und Teile der backsteinroten Stadtmauer liegen in Blicknähe des Flusses. Das katholische Polen wird heute in Kamién Pomorskis Straßenbild sichtbar.

Wie Lisbeth Cresspahl aus den *Jahrestagen* ging Erna Johnson zu ihren Eltern zurück, als sie ihr Kind erwartete, vom eigenen jungen Hausstand in Anklam auf den elterlichen Hof der Strädes nach Darsewitz. Das Kind kam in der zuständigen städtischen Klinik zur Welt. Mag Johnson zu seinem Geburtsort auch keine Beziehung bekommen haben, die dünnbesiedelte Landschaft an den drei Mündungsarmen der Oder, Dievenow, Swine, Peene, war zweifelsohne die ihn prägende, so daß sein Hinweis, nicht in Nähe der offenen See, nicht in Gesines Landschaft sei er aufgewachsen, sich nicht als der rhetorisch haarspalterische Trick eines zur Rede Gestellten erweist.

Zwischen Mecklenburg und Vorpommern, die man, der gemeinsamen

Darsewitz (Darzowice). Der Hof der Großeltern

hansischen Geschichte, der Übereinstimmung im Plattdeutschen und des Landschaftsbildes wegen so gerne in eins setzt, gibt es auffällige Unterschiede. Mecklenburg, seit 1160 von e i n e m Herrschergeschlecht regiert, ruhte, wenn auch ärmlich, autark in festen Grenzen; Pommern aber war mehr als nur Korridor vom Kernland in die Randgebiete des deutschen Ostens: Objekt der Begehrlichkeit für den brandenburgischen Kurfüsten und den Zaren, für Polen und Schweden, diente speziell Vorpommern zugleich als Drehscheibe von Nord nach Süd, insbesondere als Teile des Landes nach dem Westfälischen Frieden für 200 Jahre, von 1648 bis 1815, an Schwedens Krone fielen. Gemeinsam ist beiden Provinzen die Randlage. An Orten mit verblühter großer Vergangenheit gedeiht die Fama; mag man auch sehnsüchtig auf die nationalen Zentren blicken, so hat man die Lokalgeschichte dennoch seit dem Heimatkundeunterricht intus.

Die Ungewöhnlichkeit des Namens Johnson wurde häufiger mit einem Hinweis auf schwedische Vorfahren erklärt. Die Mutterlinie scheidet logischerweise aus, der Vater Erich Johnson aber stammte aus dem tiefsten Mecklenburg, aus Kladow im ritterschaftlichen Amt Crivitz. Eine selbstverständliche Verbindung zu den Schweden entfällt mithin, denn dort waren die Schweden nie. Mecklenburgs Herrscher hatten aus finanziellen Verlegenheiten Rechte veräußern müssen, was den Städten Freiräume verschaffte, vor allem aber die Grundbesitzerklasse stärkte. Verweigertes Ortsheimatrecht machte Mecklenburg zu einem Auswandererland, worauf Fritz Reuters Versepos «Kein Hüsung» und Johannes Gillhoffs Briefroman «Jürnjakob Swehn der Amerikafahrer» fußen. Die Grund-

herren kam es billiger, im 19. und auch noch im 20. Jahrhundert Saison-
arbeiter – Hofgänger aus den Großstädten und Schnitter aus Polen – in
der Ernte zu beschäftigen, als Instleute auf Dauer anzusiedeln. Schweden
schuf sich vergleichbare Probleme, als es sich von der europäischen
Machtpolitik verabschiedete. Der reduzierte Soldatenstand entließ Menschen in die Landwirtschaft, die durch neue Maschinen und verbesserte
Anbaumethoden auch dort überflüssig wurden. Aus so einem Ge-
schlecht einstiger Berufssoldaten stammten die Mårds («Marder») im
mittelschwedischen Ljuder, und ein småländischer Landarbeiter namens
August Nikolaus Mård soll sein Glück in der Auswanderung gesucht und
vor der beabsichtigten großen Passage nach Australien die kleine über
die Ostsee genommen haben, um sich das Geld für die Schiffsreise im
Mecklenburgischen zu verdienen.[32] Er blieb hängen im Land. Aber wenn
noch der Großvater Erich Johnsons Mård hieß, so stößt die genealo-
gische Forschung bei der Erhellung gerade der Herkunft des Namens
Johnson ins Leere. Das Exempel im Vorfeld des Biographischen kann als
prinzipielle Warnung vor schnellen Schlüssen und wohlfeilen Erklärungen dienen. Genausowenig sollte man aus dem einzelnen biographischen
Faktum Bedeutungen für das Werk ableiten wollen. Johnson war sich der
Gefahr einer Austauschbarkeit von Leben und Werk wohl bewußt, wenn
er davor warnte, *eine direkte Ableitung* seiner *persönlichen Verhältnisse
zu machen.* Er empfinde das *als Herabwürdigung der Mühen, die* er sich

Uwe Johnson (rechts) beim Spiel auf dem Hof

gegeben habe.[33] Einerseits hat ein Schriftsteller nur sich als Material für seine Arbeit, er muß auf sein Erlebtes zurückgreifen, kann es bestenfalls durch ihm Zugetragenes und von ihm Recherchiertes auffüllen, andererseits ist alles autobiographisch Abgeleitete kurzschlüssig bis unzulässig. Biographien versuchen im allgemeinen, das liegt in ihrem Wesen, einem Lebensverlauf mit allen seinen Zufälligkeiten einen Sinn zu unterlegen, der das Ende als folgerichtig hinzustellen trachtet. Nun hat Johnson selbst mit dem von Hans Werner Richter überlieferten und von Günter Grass bestätigten Ausspruch, er wolle sich nicht seine Biographie *kaputtmachen*[34], das Leben als vorherbestimmbar charakterisiert, formbar durch Willensleistung und mithin quasi ein Kunstwerk. Und derselbe Johnson hat, als er eine Legende in die Welt setzte und damit Spekulationen über sein Intimstes begünstigte, dieses Leben aus einem Guß über das Ende hinaus nachhaltig beschädigt.

Schon die erste Konfrontation mit Johnsons Lebensumständen, ja, mit den Voraussetzungen dieses Lebens, verweist auf noch etwas anderes. Dem Sachverhalt nämlich, daß trotz der Ahnenforschung, die die Nationalsozialisten zur Bedingung für die Aufnahme in ihre Partei machten, Erich Johnsons Herkunft unerhellt bleibt, wohnt ein Anflug von Ironie inne. Schließlich kennzeichnet das Manko an genauem Wissen die Situation in Ostdeutschland nach Kriegsende. Ein Vater, auf den die Berufsbezeichnung «Inspektor» zutraf, der einer Klischeevorstellung nach also im Dienst von Gutsbesitzern gestanden haben mußte, dessen Sterbedatum nach Kriegsschluß lag, ohne daß Frau und Sohn Ort und Zeit genauer angeben konnten, auch keine Krankheit zu benennen wußten, über den schwieg man sich besser aus. So etwas wie die Memoiren eines jungen Mannes hätten in den fünfziger Jahren auch außerhalb einer jeden Vorstellung von Schriftstellern gelegen, deren ästhetisches Selbstverständnis und Wertungsgefüge zumindest erst einmal von Lukács auszugehen hatte. Dies begriff eine objektivierende Erzählwarte ein, denn jeder personale, erst recht jeder Ich-Erzähler barg die Gefahr einer Verengung der Sicht. An einem reduzierten point of view hatte eine parteigesteuerte Kritik allzuoft Anstoß genommen, und die Schriftsteller hatten die Lektion begriffen, Johnson auch.

Man kann aus alledem folgern, daß die Lebenstatsachen, soweit sie einsehbar sind, nicht hinreichen, Leistung und Eigenart des Johnsonschen Werkes zu erklären, allenfalls fixieren sie die Umstände und Widerstände, unter denen das Werk entstand.

Erich Johnson war diplomierter Landwirt, er war im landwirtschaftlichen Seminar Neukloster ausgebildet worden, hatte als Gutsinspektor gearbeitet, ehe ihn das Tierzuchtamt Greifswald als Oberkontrollassistenten der Molkerei Anklam einstellte. Mit Schmutzpartikelsieb, Seichtuch und Tabelle suchte der Tierschutzwart die Güter und Meiereien auf, die ihre Milch ohne den Umweg über die Molkerei, aber mit deren gene-

Die Eltern: Erna und Erich Johnson

rellem Freigabebescheid verkaufen durften. Er schätzte den Wert des Viehs, begutachtete die Ställe, beriet die Halter.

Im November 1931 heiratete Erich Johnson die Bauerntochter Erna Sträde aus Darsewitz von der Insel Wollin. Der junge Hausstand hatte mit der Wohnanschrift «Markt 23» in Anklam eine gute Adresse gefunden, obwohl allen solchen Bewertungen ein Moment der Ambivalenz innewohnt. In den Ackerbürgerstädten leben die eigentlich Begüterten auf eigenem Grund, im eigenen Haus, nicht zur Miete. Die Johnsons fuhren nach 1936 einen Personenkraftwagen, was sie aus dem Gros des kleinstädtischen Mittelstandes heraushob; Erich Johnson mußte für seine Überlandtouren wohl beweglich sein. Andererseits erschwerten Arbeitsfeld und Arbeitsrhythmus die Teilnahme der Zugezogenen am gesellschaftlichen Leben der Stadt.

Erna Johnson, die den Pkw gleichfalls chauffieren konnte und für die Stunden des Alleinseins eifrig die Leihbücherei frequentierte, galt den Anklamern, soweit die von den neuen Mitbürgern Kenntnis nahmen, als «œwerspönsch», ein wenig überdreht also. Der Umzug in die Siedlungszeile «Mine Hüsung» am Stadtrand und die Aufnahme des Sohnes Uwe in eine nationalsozialistische Eliteschule waren sichtbare Auszeichnung, letzteres stellte für die Johnsons die erhoffte Chance einer bevorzugten Schulausbildung des Kindes dar. Ein Augenfehler verhinderte die Einweisung Uwe Johnsons in die NaPola, die an der Spitze der Schulhierarchie stand. Der Junge muß ein stilles, sich selbst genügendes Kind gewe-

Mine Hüsung 12 in Anklam

sen sein; ein Klassenkamerad aus Grundschuljahren bezeichnete ihn noch mehr als vierzig Jahre später gesprächsweise als «Pflaume», die sich beim Völkerballspiel frühzeitig abwerfen und an den Spielfeldrand verbannen ließ.

Uwe Johnsons Klassenlehrer Helmut Rüsch ließ den Knaben, der es verstand, moralisierende Sentenzen faßlich auszuschmücken und zu erläutern, seine Aufsätzchen vorlesen, auch in Parallelklassen Gedichte aufsagen.

1940 wurde den Johnsons eine Tochter, Elke, geboren; schon dadurch war der Sohn nicht mehr Mittelpunkt. Für den Neunjährigen müssen dann 1944 die Trennung von seinen Bezugspersonen und vom vertrauten Milieu und die auf Gruppenunterordnung und Abhärtung orientierte Internatserziehung in der fremden Stadt Kosten einen Schock bedeutet haben. Wer eine solche Auslieferung an Gleichaltrige kennengelernt hat, weiß um den Beiklang des Wortes «mutterseelenallein». Während die Eltern keinerlei Anlaß sahen, die «Neuordnung» unter dem Reichskanzler Adolf Hitler in Frage zu stellen, mag das Zusammenfallen einer von der «Stube» verordneten Abreibung und die Kunde vom Attentat Stauffenbergs auf den Tyrannen just an seinem zehnten Geburtstag Johnson in dem Gefühl des Andersdenkens bestärkt haben, wobei die unfaßliche Neuigkeit, wenn nicht als Rapportmeldung, dann gewiß in sehr vagen Andeutungen nach Kosten gelangt ist. Erst als Erwachsener konnte er dieses vielleicht eher flüchtige Aufmerken bei der Nachricht von der prinzipiellen Möglichkeit, mit dem mächtigen und allgegenwärtigen Ge-

Gymnasium und Lyzeum in Kościan. Rückansicht der einstigen Deutschen Heimschule Kosten

bilde Staat nicht übereinzustimmen, vielmehr etwas gegen ihn zu unternehmen, und sei es gewaltsam, gedanklich durchdringen und zum eigenen Erleben in Beziehung setzen. *Am 19. [Juli] befand die «Stube», ich hätte ihre Ehre durch mangelhaften Bettenbau geschändet, so dass das Geschenk zum Geburtstag in den frühen Morgenstunden erschien als nächtliche Abreibung, «Heiliger Geist» genannt, und ich um Abend recht erleichtert war über die Nachricht, in Berlin sei die Regierung abgeschafft worden, in deren Sinne Kinder der maßen abgerichtet wurden*, schrieb er einem Freund aus Güstrower Schultagen noch 1981.[35]

Im Januar 1945 schloß die Heimschule von Kosten ihre Pforten, der Zögling durfte nach Hause zurückkehren. Dem Zehnjährigen blieben zwei Monate in der elterlichen Wohnung, die seit 1938 aus einem eigenen Reihenhäuschen bestand. In den letzten Märztagen oder Anfang April verließ die Familie Anklam, um zu viert bei Erich Johnsons Schwester und ihrem Mann in Recknitz in der Schmiede unterzukommen. Das Dorf liegt in der Nähe Güstrows, der gleichnamige Fluß stellte mit seinem Unterlauf am Saaler Bodden die Grenze zwischen Vorpommern und Mecklenburg dar, was zu Zeiten der Kontinentalsperre gegen England von Bedeutung gewesen war. Angesichts der großen Flüchtlingstrecks, die das ganze Land durchzogen, mutet die Flucht der Johnsons fast wie ein Ausflug an.

Die Goebbels-Propaganda, aber auch Schilderungen der Flüchtlinge aus den aufgegebenen Ostgebieten wurden bestätigt durch Übergriffe und Unberechenbarkeit der Russen, wo immer die Etappe Einquartierung

Die Schmiede des Onkels Wilhelm Milding in Recknitz

nahm, während sich die Kriegsmaschinerie zur Einkreisung der Hauptstadt auf Berlin zuwälzte. Die fremden Soldaten galten als kinderlieb und gutmütig, aber auch als enthemmt, sobald Alkohol ins Spiel kam. Schon die Ankündigung von ihrem Eintreffen führte zu Selbstmorden. In Recknitz hatte ein Lehrer seine ganze Familie mit in den Tod genommen, der NS-Blockwart Wilhelm Milding, Johnsons Onkel, rettete die Schulbibliothek vor allen Eventualitäten, indem er sie in der Schmiede verwahrte.

Die Eltern brachen noch einmal nach Osten auf, um zu erkunden, ob eine Rückkehr nach Anklam möglich und angebracht sei. Von dieser Fahrt kehrte Erna Johnson ohne ihren Mann zurück. Wenn Uwe Johnson den Eintritt des Vaters in die Nazipartei früher als erfolgt und seinen Tod in einem weißrussischen Arbeitslager später als tatsächlich eingetreten angibt, wenn er noch als Erwachsener Erkundigungen einzog, um diese Daten korrigieren zu können, so zeigt das, wie provisorisch man sich auf die Flucht begeben hatte, und weiterhin, wie wenig es üblich war, in der zurückliegenden Lebensphase der eigenen Eltern herumzustochern, auch wenn man das Fehlverhalten, Mitmachen und Dulden der Erwachsenen in den Nazijahren prinzipiell mißbilligte. Die schulfreien Sommermonate 1945 werden ausgefüllt gewesen sein mit Erntehilfe, Orientierung unter den Dorfjungen, in der eigenen, fremd gewordenen Familie und in der des Onkels, Orientierung aber auch in der so praktisch zur Hand liegenden Schulbücherei. In den «Frankfurter Vorlesungen *Begleitumstände*» erinnerte sich Johnson dieser ersten Zeit hingebungsvollen, selbstvergessenen Schmökerns, er sagte: *süchtigen* Lesens[36]. Daß man den Autor dann mit so vielen Großen seines Metiers in Verbindung brachte, die vor ihm gelebt und geschrieben hatten – Joyce, Proust, Faulkner; Flaubert; Döblin, Jahnn und Brecht –, seine Prosa mit der Thomas Manns und Fontanes verglich, mit dem Barlach des «Gestohlenen Mond», mit Reuter gar, und hinzufügen müßte man die Namen Hemingway und Virginia Woolf, man dürfte auch die Lutherbibel (das «Alte Testament»!) und Märchenprosa nicht auslassen der parataktischen Wendungen wegen, sagt über seine Leseabenteuer wenig. Alle diese Vergleiche und Reihungen beweisen letztlich vielmehr, daß das zutiefst Eigenständige dieses Erzählamalgams zu komplex und zu kompliziert ist, als daß es sich begrifflich in e i n e r Formel fassen ließe. Wie man es auch anpackt, der unbezeichnete Rest bleibt erheblich. In Dankesreden nach Preisverleihungen und in Auskünften auf Umfragen hat Johnson die Spuren, die zu den Zuweisungen führten, selbst gelegt. Interviewpartnern gab er Auskünfte, hinter denen er sich mehr verbarg als offenbarte. Thukydides, Herodot, die lateinischen Geschichtsschreiber könne er immer wieder lesen, Fontane nannte er, befragt nach Moderneren.[37] Wenn er dieselben Passagen als Vortragstext für ausländische Zuhörer vorsah, ließ er die Koketterie und fügte kommoder *Brecht* hinzu. In dem Prosastück *Erste Lese-Erlebnisse* redete er wirklich von den Umständen mit geliehenen Büchern und dem Gefühl des Ausgegrenztseins als Lesender, nicht von der Lektüre. Buchtitel und Verfassernamen des zweckfreien Lesens nannte er nur einmal, im Ausnahmefall, neben dem fast obligaten «Robinson» vom Dachboden der Großeltern hob er zwei Buchtitel aus der Anonymität früher Prägungen heraus: Walter Dachs «Pferdejunge von Sohle 3» ist bis in die Bildbeigaben und Worterklärungen hinein eine erzählende Populargeschichte bergmännischen Seins, merkwürdig entlegene Arbeitswelt also; aber der Hinweis auf «Die letzte Reckenburgerin» der Louise von François gestattet denn doch einen bemerkenswerten Rückschluß auf Empfänglichkeiten des Lesenden. Von «früher Verwaisung»[38] geht die Rede in dem Roman, die Handlung soll(e) prüfen, welche Geistesart geeignet sei, das «Vaterreich» zurückzubringen, ob der Geist «des Umbildens natürlicher Kräfte», ob eine Geisteshaltung unbedingter Treue zu «herkömmlichem Gesetz» oder, drittens, eine Geistesverfassung christlicher Demut und Selbstverleugnung.[39] Der Roman handelt von «zwei Menschen», wie geschaffen «zur gegenseitigen Ergänzung»[40], und der heutige, also wissende Leser zuckt zusammen bei Sätzen wie dem, es sei «köstlich, sich aus eigenem Vermögen […] ein Bürgerrecht zu erwerben»[41], oder dem folgenden: «Es gibt Verhängnisse, die gesetzmäßig aus unserem Sein erwachsen und doch jeder gesetzmäßigen Lösung zu spotten scheinen.»[42] Louise von François reimt Treuespruch auf Treuebruch, und so konventionell sie auch erzählt, Handlungsgang und ausgebreitete Erinnerungen werden unterbrochen von der «Einschaltung» eines vorgeblichen «Herausgebers»[43].

Güstrow, Ulrichplatz 19. Unter dem Pappdach lebten Erna Johnson und ihre Kinder Elke und Uwe ab 1950. Aufnahme 1993

Uwe Johnson besuchte im ersten Nachkriegsjahr 1945/46 die Dorfschule von Recknitz, dann zog die Mutter mit den beiden Kindern ins benachbarte Güstrow. Vermutlich um Zuzugsrecht zu erlangen, nahm die berufslose, lediglich auf ihre Hausfrauenrolle vorbereitete Erna Johnson eine Stellung in einem Kinderheim an. Waisen und Kinder aus versprengten Familien, deren Familiennamen der Kindersuchdienst manchmal erst mühsam ausfindig zu machen hatte, um sie mit überlebenden Angehörigen zusammenführen zu können, waren in einem bis dahin nicht vorstellbaren Ausmaß Folge von Flucht und Ausweisung. In den Kleiderwerken von Güstrow wurden Uniformen in Zivilkleidung umgearbeitet, es wurde aber auch für die Rote Armee geschneidert. Wenn Erna Johnson aus dem Kinderheim in die Fabrik und von dort zur Deutschen Reichsbahn wechselte und bei der Bahn die abwechslungsreichere Tätigkeit einer Schaffnerin gegen die eintönigere einer Begleiterin von Güterzügen eintauschte, dann ging es nicht ausschließlich um höheren Lohn. Geld war durch die Schwarzmarktpreise und die regulär überhöhten Preise in den entstehenden Läden der staatlichen Handelsorganisation (HO), die Geld abschöpfen sollten, sowieso entwertet worden, und das Auskommen wurde durch Lebensmittelkarten bis heran an die sechziger Jahre gesichert. Von Bedeutung waren also schon eher die besseren Bezugskarten, aber noch ein anderer Grund wird sie zu dem Wechsel bewogen haben. Die Machthaber der sowjetischen Besatzungszone und in ihrer Folge der DDR dekretierten die Aufhebung jeder Ungleichheit, bevorzugten aber ganz öffentlich Kinder von Produktionsarbeitern und Neubauern und insgeheim auch die Mädchen und Jungen, deren Väter sich zum Dienst in der Kasernierten Volkspolizei als Kern einer zu schaffenden Armee bereit fanden. Der Staat suchte sich nach sowjetischem Vorbild der bürgerlichen Intelligenz, der Techniker und Ärzte vor allem, durch Einzelverträge zu versichern. Sie sollten bleiben und arbeiten. Das eine tat die neue Macht aus dem Ethos ihres Selbstverständnisses und aus Gründen der Propaganda, das andere aus Berechnung. Wer von den Kindern aus der Rubrik der «Sonstigen», der Entbehrlichen und leicht Ersetzbaren also, zu Oberschule und Studium zugelassen werden wollte, hatte sich stärker anzustrengen und verstärkt Kompromisse einzugehen. *Die Gebärde der weit geöffneten Arme, sie war zum Mißverstehen gewesen. Sie hatte nicht allen Kindern gegolten. Mancher Einzelne, der sich der neuen Gemeinschaft gerade als Individuum überantworten wollte, hatte nun zu erfahren, daß er gar nicht als Einzelner angesehen werde, sondern als Angehöriger einer Gruppe. Diese Gruppe aber waren die Eltern, Leute der alten, der aufgegebenen Zeit.* Bitter resümiert Johnson in dem *Versuch, eine Mentalität zu erklären, das gleiche Recht und die gleiche Geltung mußten [...] gesondert verdient werden* [44]. Sicher hatte Erna Johnson bei allen beruflichen Veränderungen das Fortkommen ihres Sohnes im Auge, was Meinungsverschiedenheiten und kleinliche Reibereien mit dem Halbwüchsigen nicht ausschloß, sofern sich, die Mutter war ja noch keine vierzig Jahre alt, Männerbekanntschaften anbahnten. Der Pubertierende, zeitweilig eines Herzfehlers, einer *vegetative[n] Dystonie* [45] wegen von der Teilnahme am Sportunterricht befreit, mutete sich andererseits die Anstrengungen eines Eilbriefzustellers, der die ländlichen Bereiche mit dem Fahrrad abfuhr, zu, wie er im Ruf stand, ein ausdauernder Schwimmer zu sein, und auf der Warnow bis nach Rostock paddelte. Güstrows Schulen waren nach dem Volkskundler Richard Wossidlo (1859–1939) und dem niederdeutschen Dichter John Brinckman (1814–1870) benannt, der am Realgymnasium von Güstrow in Brot gestanden hatte. Brinckman ist einer aus dem Dreigestirn, das den Ruf der neuniederdeutschen Literatur begründet hat, sein Werk kümmert aber im Schatten Fritz Reuters und Klaus Groths. Die Brinckman-Schule, das einstige Gymnasium, das sich nach neuerer Sprachregelung «Erweiterte Grund- und Oberschule» nannte, war einer der mehrflügeligen dreigeschossigen Schulbauten, wie sie zwischen Reichseinigung und Erstem Weltkrieg entstanden, ein funktionales Gebäude mit großen Fluren, gußeisernen Treppengeländern und einer Aula, deren Wände ein hölzernes Paneel mannshoch einkleidete. Mit roten Klinkern eingefaßte Fensterbögen zitierten Geschichte und bedienten ein unartikuliertes Repräsentationsbedürfnis, das sich als

Neorenaissance, Neugotik oder Tudorstil offenbarte. Eigenartigerweise hat Johnson später gesagt, sein Vater habe ihn sich nicht auf eine höhere Schule schlechthin, sondern auf genau diese, die John-Brinckman-Schule von Güstrow, gewünscht. Freilich besaß sie den Ruf bürgerlicher Solidität, der sich selbst unter den ideologischen Restriktionen der sozialistischen Pädagogik durch musische und technische Wettbewerbe außerhalb des obligaten Lehrpensums, durch Chorauftritte, durch wiedereingestellte, von den Nazis vorzeitig pensionierte Lehrer, die ihre Marotten als Originale pflegten, bis weit in die fünfziger Jahre fortsetzte.

Was für die Schule galt, gilt für die Stadt. Ricarda Huch sah in ihren norddeutschen Städtebildern das in Mecklenburgs Zentrum gelegene mittelgroße Gemeinwesen eher als eine Art Aschenputtel: «Güstrow lag zwar an einem Punkte, wo naturgegebene Straßen sich kreuzten, aber der große Handel war in dieser Gegend an das Meer gebunden.» Alles zeige Beschränkung, die Stadt müsse sich zufriedengeben mit einer «ländlich ruhmlosen Geschichte».[46] Es stimmt so nicht, Wallenstein erwählte sich Güstrow zum Sitz, der Romantiker Friedrich Georg Kersting wurde in Güstrow geboren, und mag man auch Brinckman oder Friedrich Georg Sibeth als Lokalgrößen abtun, so änderte sich spätestens durch Barlach der Stellenwert der Stadt an Inselsee und Nebel.

Güstrow, die John-Brinckman-Schule vom Domplatz aus, oben links die Fenster der 12 A 2

In Mecklenburg: Uwe Johnson auf dem Burgwall am Güstrower Inselsee (1953)

Uwe Johnson fand sich ohne Scheu in den Bootshäusern der Lehrer ein und redete von gleich zu gleich, in den Klassen hingegen wahrte er Distanz; einige Mitschüler bezeichneten ihn noch vier Jahrzehnte später als hochmütig. In den Erwägungen der Mädchen spielte er keine Rolle. Eine Fotografie aus den fünfziger Jahren zeigt einen langaufgeschossenen Brillenträger, der ein wenig krummbuckelig dasteht und versucht, sich kleiner zu machen. Johnson war der Spitzname «Spitta» verliehen worden, vielleicht hatte die Klasse Gerhart Hauptmanns Tragikomödie «Die Ratten» lesen müssen oder die Aufführung im Stadttheater gesehen; der Vater Pfarrer, der junge Spitta ein Student, spalterig, gehemmt und eifrig, etwas verblasen. Spitta will ans Theater. Als Chorsprecher, der vortritt und das jeweils folgende Lied ansagt, hatte Johnson seinen Hang zum witzigen oder sprachspielerischen Schüttelreim entdeckt, und noch bei der Heimfahrt von auswärtigen Chorauftritten belustigte oder nervte er seine Mitschüler durch Schnellgereimtes. Selbst als Student flocht er in seine Briefe solche lyrischen Ergüsse ein, die, manchmal dicht am Unsäglichen, als Fingerübungen dem späteren Prosaschriftsteller von Nutzen gewesen sein werden. Johnson arbeitete in der Zentralen Schulgruppenleitung (ZSGL) des Jugendverbandes FDJ mit, besuchte auch einen Lehrgang für Funktionäre der Organisation in Dobbertin, und mag er vorher, als Org.-Leiter, das heißt Organisationsleiter, als eine Art Klassenstufensprecher gegolten haben, so war er hinterher zweifelsfrei

Güstrow, Mühlenstraße

ein Funktionär. Das weitere, was passiert ist oder was möglich war, wie der Schulalltag verlief und der Staat durch Verhöre und Verhaftungen über den Kopf von Eltern und Lehrern hinweg eingriff und einschüchterte, fand seinen Niederschlag in dem Roman *Ingrid Babendererde. Reifeprüfung 1953* und im Schlußband der *Jahrestage*. In Johnsons erstem Romanvorhaben, das der langen Reihe deutscher Erziehungs- und Bildungsromane zuzurechnen ist, überlagern sich freilich schon Geschehnisse der Schulzeit und der ersten Studienjahre in Rostock.

Als Johnson sein Abitur ablegte, waren, neben der Interpretation literarischer Texte, Aufsatzthemen üblich, die Zeitungslektüre voraussetzten und zu aktueller Stellungnahme herausforderten. Johnson wählte sich ein solches «freies» Thema und schrieb über einen Ausspruch Lenins, nach einem Brief an Clara Zetkin: «Die Kunst gehört dem Volke». Johnson erhielt die Note «Gut», und auch das Abitur als Ganzes wurde mit dem Prädikat «Gut» versehen. Das war das Übliche, ein Notendurchschnitt um die Einskommanull wurde erst in späteren Jahren Usus, als Zahlenhascherei und Superlative eine Annäherung ans allseits geforderte «Weltniveau» selbst im Schülerdasein vorgaukeln mußten.

Die Freude über die Zulassung zum Studium wurde geschmälert durch eine fehlende Unterkunft am Studienort und die Mitteilung, daß diese ihm auch nicht zustehe. Früher lebten Alleinstehende mit ausreichend großen Wohnungen in Universitätsstädten vom Wohngeld ihrer studentischen Untermieter; Bombenschäden, die Zwangseinweisung von Ob-

Bei Auftritten
des Schulchors sagte
Uwe Johnson die
Titel an, 1952

dachlosen und Zugezogenen und die Zweckentfremdung von Wohnraum
für die Dienststellen von Parteien und Verwaltungen, nicht zuletzt die
der Sowjets, hatte den frei verfügbaren Wohnraum schrumpfen lassen auf
ein Nichts. Als Johnson anfing, schluckte die Gebietsreform, die das Land
Mecklenburg und den Rest Vorpommerns stückelte in die drei Bezirke
Rostock, Schwerin und Neubrandenburg, in der künftigen Bezirksstadt
halbe Straßenzüge mit ihren neuen Verwaltungen. Johnson wurde in das
Massenquartier einer ehemaligen Ausflugsgaststätte in dem Außenbezirk
Gehlsdorf eingewiesen, am nördlichen Ufer der Warnow. Wohl hatte im
«Fährhaus» jeder sein Bett, doch schon am Tisch war der ständige Platz
nicht garantiert, so daß man Bücher und Aufzeichnungen immer neu auf-
zubauen und vor jeder Mahlzeit wegzuräumen hatte, dazu Radiogedudel.
Die Schlafsaalatmosphäre wird den einstigen Internatsschüler und Kin-
derheimbewohner abgeschreckt haben. Johnson beanstandete in einem
Brief an die Baltendeutsche und einstige Studienrätin Charlotte Luthe,

Unter Klassenkameraden: Günter Dreier, Heinz Lehmbäcker, Hans Ludwig Knaack, Axel Walter, Uwe Johnson, Erich Schmidt, Wolfgang Möller, Ulrich Niemann (v. l.)

die er aus Recknitz kannte, die *gräßliche, typische Internatsluft, die herrührt von lange ungewaschenen Decken und ungenügender Lüftung. Penetrant säuerlich ist das, ich versichere Sie, die ersten Nächte war es recht unerfreulich. [...] Die Gespräche, die den Schlafsaal bis Mitternacht und später erfüllen, sind einfach nicht anders zu bezeichnen als eindeutig –, ordinär.*[47] Obwohl wiederum ausgegrenzt, zog es der Güstrower vor, morgens und abends die vierzig Kilometer zwischen Wohn- und Studienort in einstündiger Bahnfahrt zu bewältigen.

Seine Kommilitonin Käthe Woischik machte Johnson auf ein Zimmer im Souterrain des Hauses St.-Georg-Straße 71 aufmerksam, das nicht nur der belastenden Fahrerei ein Ende setzte. In der Mutter der Vermieterin Alice Hensan, der «Granny» genannten Ada Hensan, fand Johnson eine Gesprächspartnerin, die seine Aussprache des Englischen wie seinen geistigen Horizont beeinflußte, und wiederum hatte er Zugang zu einer erlesenen Bibliothek. Die gebürtige Engländerin war von einem Rostocker Juristen, zuletzt Landgerichtsdirektor, geheiratet und nach Mecklenburg geholt worden. Der Kontakt zu den Hensans, Alice Hensans Tochter Dora-Elisabeth («Dorothy») war die dritte in dem reinen Frauenhaushalt, hielt bis in das Jahr vor Johnsons Tod an.

Am 3. März 1953 erzählte er Charlotte Luthe von Brummkreiseln, *die vor meinem Fenster lärmen*[48]; da waren die nervige Fahrerei und das allnächtliche Lernen also schon ausgestanden.

Das Lebensgefühl dieser Jahre, das den Spötter zu scharfsinnigen brieflichen und gesprächsweisen Analysen der Zeit und der eigenen Befindlichkeit herausforderte und den sensiblen Leptosomen sich dennoch immer wieder einmischen ließ, teilte sich in die Protagonisten seines ersten Romanversuchs *Ingrid Babendererde*, den abwartenden Klaus Niebuhr und den FDJ-Sekretär Jürgen Petersen. Die Woche vor den Abiturprüfungen wird dort zusätzlich durch die Verdächtigungen und Verunglimpfungen belastet, denen sich Mitglieder der kirchlichen Jungen Gemeinde ausgesetzt sehen. Eine Schülerin, Elisabeth Rehfelde, wirft dem sie Agitierenden das Mitgliedsbuch der FDJ vor die Füße, der Schüler Jürgen Beetz nennt in öffent-

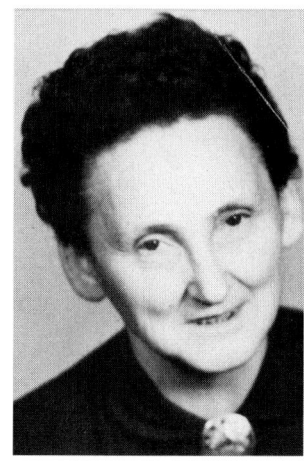

Charlotte Luthe

licher Versammlung die Kampagne einen Verfassungsbruch. Während der überlegene Klaus Niebuhr, der mit seinem jüngeren Bruder Günter bei seinem Onkel draußen an der Schleuse zu Hause ist, es vorzieht, zu segeln am Nachmittag, will sich Ingrid Babendererde *düss mal bis zum Ende ansehen*[49]. Wie Johnson zu einem bestellten Diskussionsbeitrag gedrängt, redet sie von der Kleiderordnung, die der Direktor («Röbbi») Siebmann eingeführt hat, indem er Kleidungsstücke *aus dem schlechten Ausland*[50] abwertet. Die Rede auf Eva Mau's an den Waden frech geschlitzten karierten Popelinehosen wird zur brillanten Entlarvung demagogischer Rhetorik. *Wir können ja wohl nicht alle Herrn Siebmanns Hosen tragen: und seine Meinung auch nicht.*[51] Der Dritte im Bunde, und diese «Tonio Kröger»-Konstellation wird bei Uwe Johnson immer wiederkehren, ist Jürgen Petersen. Petersen exponiert sich als Funktionär des Jugendverbandes in dem Bewußtsein, etwas für seinen Vater, der im Krieg blieb, gutmachen zu müssen. Petersen lebt in zähem stillem Streit mit seiner Mutter, die in der eigenen Gärtnerei arbeitet und sonntags in die Kirche geht, zunehmend aber auch mit Direktor Siebmann, an dessen Dogmatismus und Selbstsüchtigkeit er sich reibt. Geschichtsinteressiert, möchte er einmal Lehrer werden und in Siebmanns Fach unterrichten. Elisabeth Rehfeldes Ausschluß aus der FDJ könnte verhindert werden, das flinke Peterken aus der 9. Klasse, gleichfalls Freundschaftsratsmitglied, hat das Mitgliedsbuch einfach aufgehoben und eingesteckt, Petersen wird es ihr zurückgeben. Doch die Maschinerie des Partei- und Sicherheitsapparates läuft bereits und greift unabhängig vom Ergebnis der Meinungsbildung von außen ein.

Als Student in Rostock fand Uwe Johnson Aufnahme bei der Familie Hensan, St. Georg-Straße. Das Fenster seines Zimmers liegt im Souterrain des linken Hauses.

Analog zu Ingrids Argument konnte Johnson von sich sagen, er *wollte*, so risikoreich dies auch sei, *anwesend sein bei Veränderungen*[52], die Kommunisten jedoch ertrugen trotz ihrer Übermacht nicht einmal die Ungewißheit v o r Entscheidungen, stets schlugen sie präventiv zu.

Norbert Mecklenburg wies darauf hin, Widersprüche träten in dem Eröffnungsroman «nicht nur auf der Vormittagsebene der Schulgeschichte, des verkümmerten Lebens», auf, «sondern auch auf der Nachmittagsebene der Liebesgeschichte, des gelingenden Lebens», beim Segeln, «das gleichwohl seine Schwierigkeiten hat».[53] Der Einbruch des Politischen in den Schüleralltag führt zur vorübergehenden Verstimmung zwischen Ingrid und Klaus. Als die bereinigt ist, bleibt das insgeheime Vorwissen, daß einer der drei – Ingrid, Klaus oder Jürgen – der Verlierer sein wird am Ende.

Während die Erzählung von Flucht und Neuorientierung mit einem *Andererseits* einsetzt, erzählt das nachgereichte *Einerseits* der Vorgeschichte von den Bemühungen, den in der Restriktion verbleibenden Spielraum auszuschreiten, ernst mit den Parolen zu machen und den schematischen die vernünftigeren Entscheidungen entgegenzusetzen.

Entgegen der von den Sozialisten gehegten Auffassung, alles, wie immer so schön gesagt wurde, «entwickele» sich naturgesetzlich vom Niederen zum Höheren, wobei der Sozialismus sich als das Höhere verstand, läßt Johnson keinen Zweifel an seiner Hoffnung auf Pluralität und Differenzierung. Die Sache, für die Petersen einträte, erklärt Klaus Niebuhr Ingrid Babendererde, beteuert er auch Jürgens Mutter gegenüber, sei *ganz richtig so (für Jürgen)* [54]. Die Einschränkung, die der Zusatz macht, *für Jürgen*, nimmt auch Ingrid vor, als sie den jüngeren der Niebuhrbrüder aus den politischen Auseinandersetzungen heraushalten will. *Und Pius – musst dich gar nicht um kümmern*, sagt sie, und auf Günters Einwand, sie, die Größeren, hätten sich aber eingelassen auf diesen unfehlbaren Schuldirektor, spielt sie das herunter: *Als wir das gelernt hatten.* [55]

Es ist aufschlußreich zu verfolgen, wie Johnson in seinem Erstling die Macht einführt und die Situation charakterisiert. Günter Niebuhr schleust das Polizeiboot, um den Onkel in der Arbeit zu entlasten und sich zu beweisen, er werde groß. Die Polizisten kommen von einem Bauernhof, dessen Besitzer geflüchtet ist. Auf Fluß und Kanal fahren Prahmzüge, die Ziegel für den Aufbau der Stalinallee nach Berlin bringen sollen. Heini Holtz und Franz, die Ortspolizisten, sind ein wenig unzureichend als Staatsmacht; der Junge unterhält sich mit ihnen wie mit seinesgleichen. Nur ein schweigsamer Fremder ist dabei, der aber offenbar das Sagen in der Gruppe hat.

Die fünf eingeschobenen Kursivpassagen, deren erste mit *Andererseits* beginnt, schildern Ausreise und Ankommen. Ingrid und Klaus stehen eingekeilt auf dem Gang im D 16 kurz vor der bedrohlichen und demütigenden Paß- und Zollkontrolle, denen der Staat diejenigen seiner Bürger aussetzt, die in die Hauptstadt des Landes fahren wollen. Der Schnellzug hält *zwischen Zäunen in einem weiten nebligen Flachland* [56], das ist schon die Mark Brandenburg. Das Paar macht sich Mut, indem es, spaßig einander abfragend, aus dem Märchen von «Ali Baba» die Lehre zieht, eine Bedrohung so lange wie angängig zu ignorieren. Ingrid Babendererde fragt zwischendurch, wann *Mecklenburg eigentlich aufgehört* habe. [57] Beide Ortsbestimmungen, so vage sie sind, suggerieren die allmähliche, aber unaufhaltsame Fortbewegung, das Ende einer Periode, Bangigkeit und den noch zurückgehaltenen Abschiedsschmerz.

Im zweiten Einschub beobachten die beiden Ankömmlinge bei ihrem ersten Ausflug, der mitten in das Zentrum Westberlins führt, ein lebendes Pendant zu Berlins Wappentier. Der jüngste der Braunbären im Tiergarten erbettelt gewissenhaft und ungerührt Zuckerstückchen *als ein neues noch nicht begriffenes Spiel* [58]. Klaus macht Ingrid und sich Mut mit einem lapidaren: *Das lernt sich.* [59] Johnson läßt keinen Zweifel daran, daß der Szene Gleichniskraft zukommt: *Aber sie hatten mehr mit sich und würden anderes umwechseln müssen als Geld.* [60] Die dritte kursive Szene zeigt Ingrid und Klaus in einem Gespräch mit dem zwei Jahre vor ihnen ausgereisten ehemaligen Mitschüler Jochen Schmidt über den Begriff der Freiheit. Freiheit im allgemeinen und die bedrohlich konkrete, unter

Uwe Johnson in Berlin, 1956

Brücken zu schlafen. Konterkariert wird der Disput durch einen Spiritual, der von weltlicher Bedrückung und der Überwindung im Glauben erzählt. Jochen Schmidt klimpert auf der Gitarre *Nobody knows [the trouble, I've seen], nobody knows. But Jesus.*[61]

Die letzte dieser Szenen ist ein stummes Bild. Es zeigt das im Schilf dümpelnde, von Klaus und Ingrid entwendete Boot der Wasserschutzpolizei, das die Entdeckung ihrer Flucht aus der kleinen Stadt hinauszögern sollte; wer mag, kann darin eine Anspielung auf Gottfried Kellers «Romeo und Julia»-Version sehen. In der vorletzten Kursivpassage werden die zurückbleibende Ingrid und Klaus, der in die Bundesrepublik ausfliegt, beobachtet. Ingrid gibt mit einer Geste, die der Ottilie aus Goethes «Wahlverwandtschaften» abgeguckt sein könnte und die Johnson ein weiteres Mal der treulosen Misses Hinterhand in der *Skizze eines Verunglückten* zuweist, eine Art hilfloses Treueversprechen. *Ingrid hob ihre Handflächen auf vor ihrer Brust, führte sie zu Seite, legte ihre Schultern zurück und nahm langsam ihre Finger auseinander; sie hielt ihren Kopf schräg gegen Klaus und lächelte.*[62] Optisch ist die elementare menschliche Geste in einem Holz Ernst Barlachs aufbewahrt, in dem Bildnis der Erwartenden aus dem «Fries der Lauschenden». Daß die Rehfelde es ist, die diese Beobachtung macht, zeigt, sie hat getan, wozu man sie trieb, und ist gleichfalls geflohen. Mit ganz wenigen Strichen, der Erwähnung des verlassenen Bauernhofes am Anfang, der Figur des Schmidt und der Nennung der Rehfelde, vermag Johnson die Permanenz dieser Absetzbewegung von Ost nach West anzudeuten.

Auftakt: Die kleinen Romane

Es wurden Vermutungen angestellt, wie das Bild, das man sich in der Öffentlichkeit vom Werk Uwe Johnsons macht, wohl ausgefallen wäre, wenn der Schriftsteller tatsächlich mit seinem Erstling debütiert hätte. Derlei Spekulationen sind müßig, wohl aber führt *Ingrid Babendererde* sozusagen schulmäßig die Methode der Umschreibung, des bis zur Verballhornung kommentierenden Zitats, der Anspielung und der Doppel- und Nebenbedeutungen vor, wobei Johnson seine Anklangserfindungen nicht ausstellte und kommentierte wie etwa Arno Schmidt. Sprachspielerische Grenzüberschreitungen sind der Jugendmentalität als eine Urlust gemäß, die Spannbreite der Möglichkeiten reicht von geistvoller Etüde bis dicht an Nonsens und Alberei. In dieser forcierten Jugendlichkeit lag das Besondere von Fries' «Weg nach Oobliadooh» und Ulrich Plenzdorfs «Neue Leiden des jungen W.»; aber auch Hubert Fichtes «Palette» und Peter O. Chotjewitz' «Nacht auf dem Bärenauge» gaben sich juvenil Natürlich erschöpfen sich die genannten Bücher nicht in der Subsprache, aber die erhöht ihren Reiz erheblich. Der Leipziger Freundeskreis um Johnson kultivierte derlei Geistreicheleien in szenisch gestellten Bildern, die fotografisch dokumentiert wurden, Faust-Etüden beispielsweise oder auch eine Persiflage auf das Zeremoniell einer Urkunden- oder Preisverleihung durch Ulbricht an das Radrennidol Gustav Adolf «Täve» Schur. Man kann annehmen, daß Uwe Johnson, der den Beruf des Dramaturgen für sich nicht ausschloß, wie Klaus Niebuhr ihn für sich ins Auge gefaßt hat, den Spaß in der Leipziger Gruppe aufbrachte, gibt es doch schon die Fotografie eines «Kartoffelkäferprozesses», in dem die Güstrower Schüler die Differenz von Sagen und Meinen der Oberen an einem besonders krassen Beispiel der Propaganda ad absurdum führten, nicht ungefährlich für sie selbst.

Der Freundeskreis gefiel sich in Namensspielereien, Achim Menzhausen und Klaus Baumgärtner nannten sich, wie sie sich schon als Schüler gerufen hatten, «James», Manfred Bierwisch war als «Jake» eingeführt, Eberhard Klemm hatten Profession wie die Begeisterung speziell für die Musikmoderne zu dem Spitznamen «Béla» verholfen. Dazu stieß nun der das Geheimnisvolle kultivierende große Blonde aus dem Norden, da bot

Der Radrennfahrer Gustav Adolf «Täve» Schur, 1960

Die Amerikaner hatten angeblich Kartoffelkäfer aus der Luft abgeworfen, um ostdeutsche Ernten zu gefährden. Die Schüler gingen mit ihrem «Schauprozeß» ein beträchtliches Risiko ein.

sich der Neckname «Ossian» geradezu an. Der im 18. Jahrhundert wiederentdeckte keltische Barde aus dem 3. Jahrhundert war eine Erfindung des Schotten James Macpherson, keine Übersetzung, wie der vorgab. Was aber ein Dr. Samuel Johnson schon zu Lebzeiten Macphersons herausgefunden hatte. Die Entlarvung tat der Wirkung der schwermütigen Dichtung bis in den deutschen Sturm und Drang hinein und auf die Romantik keinen Abbruch (Werther und Lotte werden sich ihrer Zuneigung inne – bei der Lektüre Ossians). Der Weg von einem insgeheim belächelten Spitta zu einem akzeptierten Ossian war genommen.

Prof. Dr. Manfred Bierwisch, 1991

In der Eigenheit, etwas indirekt, mittels Vorformuliertem und Versatzstück zu sagen und zugleich zu kommentieren, es sich anzuverwandeln und sich doch davon zu distanzieren, trafen sich Klemm und Johnson übrigens, wie Bierwisch in einem Porträt unterstrich: Das «Spiel mit, nein – die Existenz in Zitaten und Anspielungen überhaupt [war] ein unentbehrliches Moment» der Lebensform Eberhard Klemms.[63] Johnsons Neigung, etwas indirekt auszudrücken, hielt allerdings über die Jugendphase hinaus an und nährte sich aus mehreren unterschiedlichen Quellen. So zutraulich der Norddeutsche auch werden kann, so liebt er andererseits, sich in Sprüchegut, Geste und Ritual zu flüchten, wenn er Gefühle offenbaren soll und insbesondere, wenn es feierlich zu werden droht. Wobei er andererseits dem Zeremoniell nicht abgeneigt ist. Hier wirkten also zwei Beweggründe in dieselbe Richtung. *Dass man einander gern hat, das mag noch angehen, aber es zeigen, unter Norddeutschen!*[64] begründete Johnson seine Zitierwut noch in seiner letzten zu Lebzeiten gedruckten Arbeit, einem Text des Gedenkens für den Westberliner Akademiepräsidenten Werner Düttmann. Nebenbei gesagt, für Leute im Osten brach mit der Kongreßhalle unter Düttmanns Ägide im Hansaviertel 1954, ohne daß ihnen der Name des Architekten bekannt sein mußte, etwas Neues an, der simple Wiederaufbau in der Bombenlandschaft aus nackter Wohnungsnot wurde mit dem geschwungenen freitragenden Dach verlassen, geradezu ein städtebaulicher Luxus entfaltete sich.

Cresspahl aus den *Jahrestagen* dehnt diese Scheu vor offenbarten Gefühlen selbst auf die Erwählte aus: *Es mochte zwar sich so verhalten, daß er ohne sie schlecht leben konnte, aber es ging nicht an, daß er ihr [Lisbeth] das aufschrieb.*[65]

Zitat und ironische Brechung des Zitierten in Wortwahl und Geste scheinen einander zu bedingen; erst durch diese Form der Verarbeitung wird das Aufgelesene als Eigenes akzeptabel. *Ironie ist für mich nur eine Fortsetzung mundartlichen Benehmens ins Hochdeutsche. Das ist die niederdeutsche Weigerung, jemand so feierlich zu nehmen, wie er sich selber gibt. Das ist die niederdeutsche Bereitschaft, über jemanden zu lachen, der einem mit falscher Feierlichkeit imponieren möchte. Das ist die niederdeutsche Bereitschaft, jemanden einen Lügenbruder zu nennen, wenn er das ist und sich gleichzeitig als Knecht Gottes geriert.*[66] Schon in seinem Abituraufsatz hatte Johnson sich zu der Erkenntnis durchgearbeitet, der *dauernde Gebrauch eines Wortes in Rundfunk, Presse und Plakat kann es seiner ursprünglichen Bedeutung vollkommen entfremden und es – zur Phrase machen*[67]. Der Schriftsteller hatte gegen die von der politischen Propaganda, aber auch von der Reklame mißbrauchte Sprache anzuschreiben, er sprach praktisch Gänsefüßchen bei bestimmten Worten mit, er prüfte «verrottetes Sprachmaterial»[68] an sich und in seinen Geschichten. Norbert Mecklenburg entdeckte an dem postum erschienenen Vordebüt den permanenten «stilistischen Stimmbruch»[69], ein Kippen von stilisierter Hochsprache in Umgangsdeutsch und Redenähe. Mag die permanente «Opposition gegen vorgegebene Festlegungen»[70], die Johnson mit Intellektuellen wie Günter de Bruyn teilte, auch plausibel sein, so wird die sich häufende ironische Sicht überdies der Furcht vor den eigenen intensiv durchlebten Gefühlen bis an den Rand zur Sentimentalität geschuldet sein. Ironie begreift sich aber auch als «die Spezialität derer, die Recht haben und sich deshalb schenieren»[71]. Das mag Johnson genauso empfunden haben wie der höfliche Brecht.

Noch eine dritte Ursache für die Zitatenfülle muß Erwähnung finden. Da die kommunistischen Machthaber in gleichem Ausmaß, in dem sie sich pausenlos Erfolge attestierten, Zurückgebliebene und Oppositionelle tadeln zu müssen glaubten, empfahl sich ihnen die bedrohliche Sprache augurenhafter Andeutungen und Umschreibungen. Aus Gründen persönlicher Nichtbelangbarkeit bediente sich das Staatsvolk im Gegenzug der ausweichenden Sklavensprache. Sklavensprache heißt, etwas Unverfängliches sagen und etwas anderes meinen. Manchmal reichte schon ein weggelassenes Wort, ein unterschlagener Name, damit alle Bescheid wußten oder aber den verborgenen Sinn zu enträtseln suchten. Stephan Hermlins Bekenntnis zu dem autobiographisch getönten Stück Prosa «Abendlicht», er sei ein «spätbürgerlicher Autor»[72], entlastete zuvörderst auf solche Weise gescholtene Schriftstellerkollegen, erst danach war es auch persönliches Bekenntnis.

Liselotte Prey, in der Schulkameraden Johnsons das Vorbild für das «blonde Gift» erkennen wollen, 1952 beim Abitur.

In der *Babendererde* nun führt Johnson an drei Beispielen den Umgang mit Mehrfachbedeutungen und expliziten Untertexten vor, während man in späteren Arbeiten das Mitgemeinte oder die Zitatenquelle vielfach wird erraten müssen. Klaus Niebuhr und Jürgen Petersen führen im Englischunterricht ein kryptisches Rededuell über *biblical and mental reservations*[73], geht es doch darum, nicht *Sabotage* zu unterstellen, wo *Klassenkampf* gemeint ist[74]. Die Deutschlehrerin Behrens, das *blonde Gift*, sieht sich mit Brechts Parodie auf Schillers «Bürgschaft» konfrontiert, Klaus Niebuhr gibt im Lateinunterricht seine sehr freie Übersetzung (*Ins Unreine*[75]) ab, in der, so bemerkt der Lehrer beim Korrekturlesen, nicht lediglich *der Satzbau verändert* worden war. Nach nämlichem Schema sollte Uwe Johnson in der Klausurarbeit am Ende des fünften Studienjahrs verfahren, als er, statt sich über den «IV. Schriftstellerkongreß» als dem gewählten Thema zu verbreiten, hauptsächlich sein ungedrucktes Romanprojekt beschrieb. Hans Mayer hat diese Kraftprobe elegant unterlaufen, indem er das Abgegebene unzensiert ließ und den Trotzenden aus den selbstverordneten Sommerferien vom Fischland zurückbeorderte. Johnsons zweiter Anlauf über «Theorie und Praxis der Hebbel-Dramatik» am Beispiel der «Maria Magdalene» führte zum angestrebten Abschluß.

Noch die mittlerweile berühmte Rede Ingrid Babendererdes auf die wadenlangen Hosen der Eva Mau ist ein rhetorisches Meisterstück, und der vom Staat intendierte Zwang zur Ausgrenzung wird transparent in dem Vergleich vom *bösen* und vom *guten Kind*[76]; dabei sei Peter Beetz doch eben *nicht die kapitalistische Klasse sondern jemand mit einem Irrtum*[77].

Genaugenommen stellen die beiden Rostocker Jahre, von der Länge der Zeit gesehen, eine Episode in Johnsons Leben dar, aber die Erlebnisfülle und die Schwere der Herausforderung im Frühjahr 1953 weisen dem Ort doch einen zentralen Platz in der Biographie dieses Mannes zu. Wohl kann man bei Dispositionen, wie sie sich in der Person Johnsons bündelten, die Lust bemerken, Papier mit Sätzen zu füllen; eine Schreibbereitschaft, die sich in erstaunlich vertraulichen Briefen des Studenten an die Lehrerin aus der Zeit des kurzzeitigen Schulbesuchs in Recknitz erprobte. Aber biographische Einschnitte als Prägungen, wenn nicht gar als Disposition für diese Schreibbereitschaft dingfest zu machen,

Hans Mayer, Anfang der fünfziger Jahre

vereinfacht unzulässig und ginge nur in dem Wissen, daß dies Prozeß war und sogar unmerklicher Prozeß. Die Trennung von den Eltern und die Auslieferung an die Eliteschule, das Verschwinden des Vaters, mit dem Johnson fertig werden mußte wie mit einer persönlichen Schuld, die Verunglimpfung der Jungen Gemeinde, an der teilzuhaben man ihm zumutete, das alles sind bestenfalls Faktoren, die beitragen können zu ergründen, was ihn prägte, warum er schrieb, wie er schrieb. Wieso er lebenslang präventiv mit Liebesentzug strafte, auch sich selbst bestrafte – das erklären diese «Anlässe» schon nicht hinreichend. Am ehesten wird noch dem Kirchenkampf gegen Gleichaltrige und der unverdienten Isolation die Funktion einer Initialzündung zugesprochen werden können, die aus einem, der sich in Schreibetüden genoß, den kalkuliert Formulierenden machte, der sich seiner Wut entledigte und seiner Würde vergewisserte, indem er schrieb. Johnsons Nachfolger in der «Studentenbude» Friedrich-Engels-Straße 71, wie die St. Georg-Straße nachmals hieß, hat verfolgen können, wie die Verbitterung des anfangs auch von Leipzig Enttäuschten einer wilden Entschlossenheit wich, er «bekam einen starren Blick. So sehen Attentäter aus. [...] Wer konnte denn ahnen, daß er begonnen hatte, sein erstes Buch [...] zu diktieren?»[78]

Abitur und Studium fielen in eine Zeit, die die Teilung der Welt in Machtblöcke noch einmal überdeutlich offenlegte. Die militärische Intervention der beiden Noch-Weltmächte Frankreich und England gegen die Verstaatlichung des Suez-Kanals durch die Ägypter gab dem antikolonialen Kampf noch einmal eine Adresse. Der Koreakrieg hatte sich in einem Waffenstillstand erschöpft, der dem ostasiatischen Land ein ähnliches Schicksal bescherte wie Deutschland, wenn sich die Koreaner auch noch stärker in die Absonderung voneinander verbissen. Adenauer zementierte im selben Jahr, als die Russen einen Friedensvertrag anboten, mit seiner Unterschrift unter das EG-Papier am 27. Mai 1952 die Westbindung eines deutschen Teilstaates, wodurch der kleinere Teil de facto endgültig abgeschrieben wurde. Die Funktionäre eines mit Pomp aufgezogenen Jungendtreffens ließen die ihnen Anvertrauten im Blauhemd mit Propagandamaterial direkt vor die Knüppel der Polizisten in die Westsektoren Berlins ausschwärmen; zu Demonstrationszwecken war die schmerzhafte Niederlage der Ausgesandten einkalkuliert. Die Hoffnungen auf nationale Sonderwege innerhalb des sozialistischen Lagers wurden durch Anschuldigungen gegen die aus westlichen Emigrationsländern zurückgekehrten Exilanten drakonisch ausgetrieben. Schnell konnte, wie der Fall des Generalsekretärs der tschechischen KP, Rudolf Slánský, zeigte, die Verdächtigung in Anklage wegen Agententums oder Titoismus und schließlich in Verurteilung und Hinrichtung umschlagen. Die ostdeutschen Machthaber betrieben die Umwälzungen besonders intensiv auf dem Lande, nachdem die 2. Parteikonferenz der SED im Juli 1952 den Aufbau des Sozialismus proklamiert hatte, und suchten die wirtschaftliche Situation durch drastische Sparmaßnahmen und Norm-

Ansichtskarte für Heinz Lehmbäcker: «Ich gebe dies auf für Leipzig. Ich werde dort auf Dich warten. Stell Dir vor!»

Rostock. Nicolaikirche LEAVING THIS FOR LEIPZIG. I SHALL BE WAITING THERE FOR YOU. IMAGINE!

erhöhungen zu verbessern. Was im Endeffekt zum Aufstand des 17. Juni führte.

Die unselige Formalismusdebatte, die seit Lukács' Expressionismusaufsatz 1934 in der Zeitschrift «Das Wort» noch jeden Ansatz von Kunsterneuerung unterband, war 1951 durch den ansonsten hochgebildeten sowjetischen Kulturoffizier Alexander Dymschitz in der «Täglichen Rundschau» in die Gegenwart geholt worden und hatte in Barlachs Werk, in Brechts Komponisten Hanns Eisler und Paul Dessau Opfer gefunden. Vielleicht registriert ein junger Mensch die Bewegungen auf dem Nebenkriegsschauplatz Kunst eher als die wirtschaftlichen Kämpfe. Als die Staatspartei nach der Niederlage vom 17. Juni einen neuen politischen Kurs versprach, der, auch in Auswirkung von Stalins Tod, die kurze, bis in das Jahr 1956 währende kulturelle Tauwetterphase einleitete, redete der erste Nachkriegsrektor der Universität Rostock, der Chemiker Günther Rienäcker, ziemlich unverblümt von Dilettanten und Pfuschern, von Verfassungsbruch und «Unmenschen», aus denen nicht Menschen würden dadurch, daß «der Regierungskurs gewechselt wird»[79]. Einerseits waren Polizei und Geheimpolizei in ihren Aktionen noch ungeschlacht, und die Justiz strafte drakonisch, andererseits wurden Widersprüche wenigstens erörtert, beschönigend zwar und oft zu spät, aber sie wurden nicht wie später dem Selbstlauf überlassen oder in einem stockigen Status quo konserviert. Insbesondere oppositionelle und abwartende Teile der intellektuellen Jugend fanden Genugtuung darin, die proklamierten Grenzen auszuschreiten und, wenn es nötig war, auch zu überschreiten.

Die gärenden Hoffnungen des Jahres 1956 ermutigten Johnson, an die Öffentlichkeit zu treten mit seinem *Ingrid*-Manuskript, das nach der Geschichte einer Schülerliebe von gerade 90 Seiten Umfang noch aus dem Jahre 1951 (die Geschichte gilt als verschollen) die Metamorphose von drei weiteren Fassungen durchgemacht und einen personalen Erzähler *Erichson* benötigt, dann aber wieder aus der Handlung entlassen hatte. Erichson war die erste literarische Figur, die der Schriftsteller zur freien Verfügung haben sollte für seine *Jahrestage*. Die Namensbildung geht zurück auf den Sohn eines Erich – ein halbes Selbstporträt, wie später so viele.

Etwas gravitätisch ließ der junge Autor die *Damen und Herren* des Aufbau-Verlages in seinem Begleitbrief vom 21. Juli 1956 wissen: *Ausser dem: Mir liegt daran dass die Ihnen vorliegende Skripte ein Buch wird in der Demokratischen Republik. Ich bitte Sie also mir mitzuteilen ob Sie sich für den Zweck verwenden wollen.*[80] In einem fünfseitigen Gutachten schon im August hob Herbert Nachbar, Lektor damals noch, bald selbst Autor, hervor: «Von allen eingesandten Manuskripten, die ich in den letzten Jahren gelesen habe, ist dieses mit Abstand das beste. Zwar ist es nicht ganz druckreif, der Verlag wird noch einige Arbeit mit dem Autor haben, aber ich glaube, daß diese Arbeit sich lohnen würde. [...] Alle

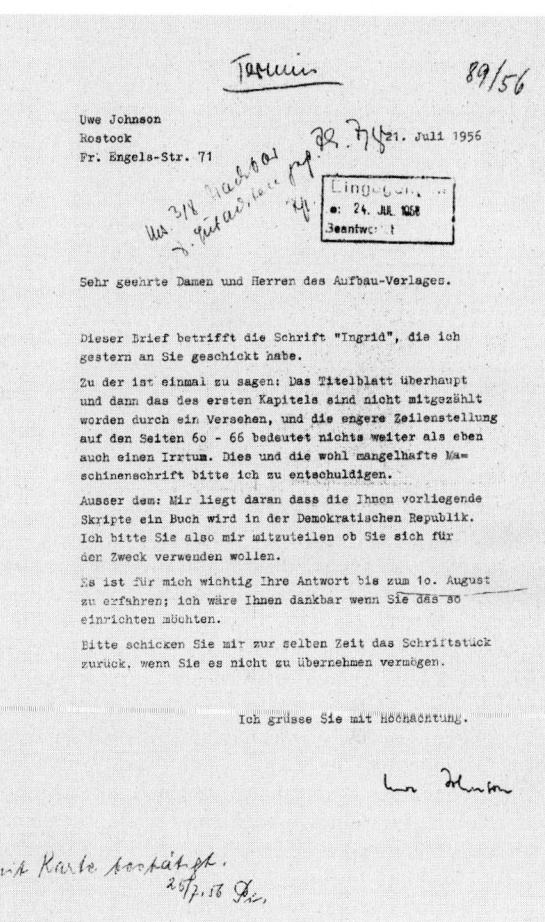

Brief Uwe Johnsons an den Aufbau-Verlag, Berlin

Spannungen unter den Schülern, entstanden aus Meinung und Gegen-
meinung, aus Aufrichtigkeit und Feigheit, finden sich in dieser Liebe.
Der Autor wird niemals direkt und fängt doch mit ein paar Strichen die
Atmosphäre ein.» Nachbar schließt, Johnson wolle «nicht niederreißen.
Mit seiner Kritik will er aufbauen und Mißstände beseitigen.» [81]

Der Lektoratsleiter Günter Caspar sollte vermutlich parallel zu Chef-
lektor Max Schroeder lesen; ein zweites Exemplar wurde telegraphisch
erbeten. Treffpunkte, Auflagen, eilige Korrekturen, die Johnson unter

Lektor und Autor:
Max Schroeder und
Georg Lukács (links),
Aufbau-Verlag,
Berlin 1951

dem Datum des 27. August 1956 auflistete. Später ging Caspar so weit, sich verleugnen zu lassen. Max Schroeder urteilte ganz anders als der junge Nachbar, und das ist – blättert man einmal seine gesammelte Publizistik «Von hier und heute aus» durch – nicht verwunderlich. Obwohl ganz ein Homme des lettres, hatte Schroeder ein eher traditionell verhaftetes Literaturverständnis. Sein Herz schlug für beide Manns, Willi Bredel, Hans Marchwitza, Bodo Uhse, Friedrich Wolf, Hans Fallada; für Wolfgang Langhoffs «Moorsoldaten» und für Carl Sternheim. Schon Brechts «Courage» verkannte er als die nicht Lernfähige, die kein Vorbild abgebe. Natürlich kann, wer in Kunstdingen redet, wie jeder Urteilende bei jedem nicht aufs Meßbare beschränkten Tun, das Recht auf Irrtum für sich in Anspruch nehmen, man legt sich nicht ein für allemal fest, sondern wägt von Fall zu Fall. Derselbe Max Schroeder, der mit der zum Vorbild nicht tauglichen Courage gleich das Stück verwarf und in Johnson einen sich wichtigtuenden jungen Mann ohne nennenswerte Begabung sah, hatte sich mit seinem Wort von der «Erhebung trotz allen Leides» im Falle Barlachs neben Brecht gestellt.[82] Unter dem Datum des 18. Juli 1956 warf er auf dem Krankenbett in großen krakeligen Buchstaben ein paar flüchtige Zeilen aufs Papier: «Die Geschichte läppert so dahin, verkrampft in Avantgardismus à la Weyrauch, steril und durch ihre Sterilität arrogant wirkend. Typischer Fall von ‹Westkrankheit›, als solcher interessant.» Daß der junge Mann aus der nämlichen Stadt kam, in der der Lübecker Schroeder ein Semester Kunstgeschichte absolviert hatte, mußte ihm verborgen bleiben; das wäre auch unerheblich gewesen, Landsmannschaft-Nachbarliches spielte keine Rolle. Johnson galt zu dem Zeitpunkt auch schon als Leipziger.

Schwerwiegender als das rüpelige Wort von der «Gehirnwäsche», das dann folgt und fünfunddreißig Jahre später vorsätzlich so gründlich mißinterpretiert wurde, ist Schroeders krasses Fehlurteil, das *Babendererde*-Manuskript sei als «Talentprobe nicht von besonderem Belang»[83].

Günter Caspar ließ Schroeders Sätze abtippen und in der Titelakte abheften. Die böswillige Fehldeutung, Schroeders unbedachte Wortwahl habe Johnson der Geheimpolizei ausliefern wollen, geht an den Tatsachen vorbei. Nirgendwo läßt sich Papier besser verstecken als unter Papierstößen. Der Philosoph Wolfgang Harich, dem zwischen Humboldt-Universität, Aufbau-Lektorat und einer eigenen Zeitschrift viele Wirkungsmöglichkeiten offenstanden, wurde erst nach Niederschlagung des ungarischen Aufstands, am 29. November 1956, verhaftet, der einstige Spanienkämpfer und damalige Verlagsleiter Walter Janka am 6. Dezember; die «Sonntag»-Redakteure Gustav Just und Heinz Zöger sogar erst aus dem Zeugenstand im Verlauf des Prozesses gegen die «Gruppe Harich» im März 1957. Erich Loest und der Slawist Ralf Schröder aus Leipzig, aus Jena der «*Stauffenbergkreis*» *der Studenten […], in Dresden der Nationalkommunistische Studentenbund*[84] – insgesamt 87 Intellektuelle büßten für die Überlegung, Ulbricht zu entmachten und einen Sozialismus zu proklamieren, der für die Bevölkerung eher akzeptabel sei. Der Staatssicherheitsdienst war noch nicht die krakengleiche, scheinbar allumfassend informierte und völlig unkontrolliert agierende Machtmaschinerie der stagnierenden achtziger Jahre, wie der Institution auch alle Voraussetzungen für das verniedlichende Kürzel «Stasi» oder das kaschierende Wort «Dienste» abgingen, das die Nachwendesprache favorisierte. Die Chiffre SSD ist da schon die zutreffendere Bezeichnung. Janka berichtet, daß der SSD den Nachtpförtner des Aufbau-Verlages unter Druck setzte, um sich für die Haussuchung Einlaß in das Gebäude Französische Straße 32 zu verschaffen. Bei Kenntnis von Johnsons *Babendererde* hätten die Sicherheitsorgane nichts unversucht gelassen, den Schreiber als Zeugen der Anklage für sich zu reklamieren und zu präparieren.

Uwe Johnson hatte sein Manuskript auch noch dem privaten Hinstorff Verlag in Rostock, List Leipzig und – im März 1957 (im Monat des Prozesses!) – dem Mitteldeutschen Verlag Halle als dem eigentlichen Zentrum für neue Literatur aus der DDR zugestellt. Peter E. Erichson, der Rostocker Privatverleger, wird mit ihm essen gegangen sein im «Nordland» oder im Ratskeller und von seinen bescheidenen Möglichkeiten schwadroniert haben.

Die Redaktion der zum Aufbau-Verlag gehörenden Wochenschrift

Etwas erleben, etwas wagen: Uwe Johnson und Heinz Lehmbäcker auf der Funkausstellung in Westberlin, 1956

«Sonntag» fragte Johnson nach Geschriebenem; der Autor mag am Ende froh gewesen sein, daß er seine *Babendererde*-Manuskripte wieder beisammen hatte. Aber: Der Briefwechsel dieserhalb reichte über das Datum von Harichs Prozeß hinaus; erst im Sommer 1957 erhielt Johnson sein Manuskript aus Halle zurück, Briefe gingen noch bis zum 11. Januar 1958 hin und her.

Die Verbindung zum renommierten Verlag der Exilliteratur riß mit Rücksendung des Manuskripts *Ingrid*, wie es in dem Briefwechsel offiziell heißt, nicht ab[85]; Johnson machte, gelegentlich puristische, Vorschläge für die Herausgabe der Arbeiten Peter Altenbergs, Franz Werfels und Frank Wedekinds. Einer Wedekind-Edition beispielsweise empfahl er, ganz auf *psychologische[...] und verallgemeinernde[...] Erörterungen der Ehe* sowie *der künstlerischen Existenz* zu verzichten, desgleichen sollten *parodistische Darstellungen sozialer Konflikte* entfallen. Antike Verbrämungen, die in den sechziger Jahren in der DDR-Literatur Mode wurden, verwarf er als *Ablenkung*[86]. Die Honorare überstiegen die in den *Begleitumständen* für Gutachten genannten Summen; die Exposés müssen als brauchbar angesehen worden sein.

Auf Vermittlung Hans Mayers landete das Romanmanuskript auch noch in Brechts anderem Stammverlag, im Hause Suhrkamp in Frankfurt am Main. Der Verleger war willens, es anzunehmen, aber nach Vorhaltungen seines Lektors Siegfried Unseld noch auf dem Weg zum Flugplatz änderte er seine Meinung. Unseld hatte moniert, das Pubertär-Schülerhafte springe den Leser an, es werde zu viel gelacht, zu oft mit dem Wort «Freundschaft» gegrüßt, also FDJ, es werde ausdauernd gesegelt, und die Sonne scheine, ergo Blut und Boden. Statt Blut und Boden und FDJ könnte man gewiß auch sagen, der Umgang mit der Landschaft und die Zeitzeichen aus einer ausgegrenzten deutschen Randzone wurden als das Störende des frühen Romans empfunden. Suhrkamp machte daraus mangelnde Welthaltigkeit. Und stritt sich über den sprechenden Namen, *Babendererde*, der ihm, als gebürtigem Oldenburger, so befremdlich nicht vorkommen konnte.

Gerade über die Namensgebung für seine literarischen Personen hatte Johnson gründlich nachgedacht. Während andere, Volker Braun oder Christoph Hein, ihren Figuren später Allerweltsnamen geben sollten, die den Durchschnittsleser zur Identifikation einluden, Hinze und Kunze und einen Herrn Schmidt, begann für Johnson das Ureigene eines jeden Lebens beim *Eigenname(n), nomen proprium*[87], so wie die Bibel Namensnennung und Errettung in eins setzt: «Fürchte dich nicht, denn ich habe dich erlöst. Ich habe dich bei deinem Namen gerufen.»[88] In Johnsons Diktion, nach Goethe: *Denn der Eigenname eines Menschen ist nicht etwa wie ein Mantel, der bloß um ihn hängt und an dem man allenfalls noch zupfen und zerren kann, sondern ein vollkommen passendes Kleid, ja wie die Haut selbst ihm über und über angewachsen, an der man nicht schaben und schinden darf, ohne ihn selbst zu verletzen.*[89] Johnson erinnerte sich gesprächsweise der Schullesebücher «Unter fremden Himmeln, ein Abriß der deutschen Exilliteratur» (1948) und «Verboten und verbrannt» (1947). Die Sammlung «Das Tor. Gedichte für die Grundschule» erwähnte er nicht, sie kam 1949 heraus, da war Johnson schon kein Grundschüler mehr. Aber Otto Ernsts Ballade «Nis Randers» wird er gekannt haben, sie war für Schüler, neben Fontanes «John Maynard» und Arno Holz' «Een Boot is noch buten», die Ballade schlechthin. Eltern, die in ihrem Bemühen um charakteristisch Deutsches und dabei Schlichtes, Gerades auf Vornamen wie Horst und Klaus und Uwe verfallen waren, hatten ihren Kindern onomastisch Unverfängliches mitgegeben, sollte man meinen, aber vor Spottlust scheint nichts und niemand gefeit. Oder anders gesagt, wie deutsch ist dieser Johnson? Als Prototyp deutsch noch bis in den Vornamen hinein: Johnson wird es zu spüren bekommen.

Als in dem Gedicht «Nis Randers» ein Mann aus Seenot gerettet werden muß, will eine Mutter aus einem Fischerdorf den letzten Sohn, der ihr blieb, zurückhalten: «‹Dein Vater ging unter und Momme, mein Sohn; / drei Jahre verschollen ist Uwe schon, / mein Uwe, mein Uwe›» Der Retter riskiert es trotzdem, und die Überraschung ist groß: «Sagt Mutter, 's ist Uwe!»[90] Die Ostdeutschen liebten es, Kränkendes, das sie Johnson

nachzusagen wünschten, an Alter und Vornamen zu knüpfen, nur ein jüng-
linghafter Johnson, ein etwas unreifer junger Mann war ihnen erträglich;
«Der Jüngling im Eiskasten»[91], «Klein Uwes Renkontre mit der großen
Freiheit»[92], auch «Das dritte Buch über Uwe»[93] übertitelten sie ihre
Pöbeleien. Aber auch im Westen reizte der an sich doch schnörkellose
Name Spötter; noch in Abwehrreaktionen wurde Johnson als Figur von
zentraler Bedeutung ausgemacht: einen in der Quintessenz eher wohl-
wollenden Bericht von der 22. Tagung der «Gruppe 47» in Aschaffenburg
überschrieb Helmut Heissenbüttel mit dem Titel «Und es kam Uwe Johnson». Heissenbüttels Quintessenz lautete, unaufgeregte, nicht zu begeisternde Beobachter der Jahrestagungen erwarteten schier einen neuen
Goethe, doch statt dieses, «so würde ich etwas überspitzt und etwas un-
gerecht sagen, kam eben Uwe Johnson»[94]. Ärgerlich und penetrant wurde
das dann erst, als der neidische Robert Neumann, den sein sonst so geläu-
figer Witz als Parodist ganz und gar verließ, in der Absicht zu verletzen
von Hochgejubelten, von «Behudelten» sprach; diese glaubten «ehrlich,
sie seien Schiller und Goethe»[95], um sich dann an Namen und Person Johnsons festzubeißen. Der lächerlich Gemachte hat derlei mit Sarkasmus esti-
miert: *Geboren in Deutschland 1934 (daher der Vorname)*[96], begann er seinen Lebenslauf für die Darmstädter Akademie für Sprache und Dichtung.

Der Schriftsteller hat seinen Figuren, Siebmann ausgenommen, nicht
eigentlich appellative Benennungen, denen ja auch immer der Beige-
schmack des Satirischen innewohnt, mitgegeben, wohl aber «klingende»
Namen. Brüshaver, beispielsweise, Springhafer, ein Wildwuchs, ist nicht
pures Phantasieprodukt, legt den Träger aber auch nicht auf eine vor-
dergründige Weise fest. Ein Brüshaber wurde übrigens schon in Tucholskys «Schloß Gripsholm» als charakteristischer norddeutscher Name
gehandelt.[97] Johnson bevorzugte etwas leicht Oszillierendes, Mehrdeuti-
ges, wie er am Beispiel von *Cresspahl* (Kresse am Pfahl, ein Rankge-
wächs) einmal spielerisch selbst exemplifizierte. Kross klingt in dem
Wort an, also hart, trocken, und kreuzen. Und Pahl, Pfahl, bringt als As-
soziationsfeld die stehende Rede vom Pfahlvorschlagen mit sich. Einen
Pfahl vorschlagen, ein «P setzen», das soll einmal ganz handfest bildhaf-
ten Charakter besessen haben. Ein Pfosten mitten auf einem Weg verwehrt Wagen in der Tat die Passage, und das aufgemalte P sollte, sagen
Wörterbuchsammlungen, vor Pest- und Pockenfällen warnen. Als Gesine
sich des *norddeutschen Osterwetters von 1938* vergewissern will, hält der
Auskunftgebende vom Wetteramt die merkwürdige Fragerin durch Na-
mensverballhornungen auf Distanz, obwohl seine immer erneute An-
rede Beflissenheit und Verbindlichkeit vortäuscht. *Misses Crassfawn*,
sagt er, und: *Cressawe, Crissauer.*[98] Im Wortteil *awe* steckt die Bedeutung
«Ehrfurcht, Scheu», in *fawn* das Schmeichelnde ebenso wie die Farbe,
ein gelbliches Braun, sandfarben. (Über Symbolhaltigkeit und die Nebenbedeutungen der Farbe Gelb hat Johnson im ersten Anlauf aus New

York Überraschendes zutage gefördert.) In der Silbe *crass* wird auf Unsensibles angespielt, *criss* schließlich kommt nur in Verbindung mit «cross» vor als onomatopoetisches Kreuzundquer.

Johnson ermutigt die Leser, solche Überlegungen anzustellen: *Stoffregen und was es bedeutet*, das *Adressbuch* verweist auf die Seite 414 der *Jahrestage*; die Namen *Kliefoth* und *Kollmorgen* werden gleichfalls kommentiert; in dem Wort *Wassergahn* schlägt sich die Unfähigkeit der russischen Zunge nieder, ein H auszusprechen. Johnson hob die hohen Töne im Rufnamen seiner Protagonistin Gesine hervor, das klänge wie Fontanes «Effi». In der Entschlüsselung des Namens *Lockenvitz* verspottete er sein frühes Selbst: *Wenn man in der Tat Locken um den Kopf trägt, blonde ungebärdige Wellen. Hintendran ein Vitz, ein Fitz, ein Fetzchen.*[99] Das Wort *Pagenkopf* meint mitnichten eine Beatlesfrisur, «Pagen» bedeutet im vorpommerschen Platt ein Pferd, einen Pferdekopf, etwas Langgezogenes. Aber auch das steht in den *Jahrestagen* nachzulesen. Einen Spitznamen erhält dieser Robert Pagenkopf trotzdem, und Johnson erklärt den mit einer fehlerhaften lateinischen Deklination.[100] Bewahrung der Identität, das beginnt bei den Rufnamen, die wie zugeschnitten auf ihren Trägern haften. Identität heißt: das Eigentümliche, Unverwechselbare, das Einmalige. Größte Strafe in Johnsons Auffassung, was die Namensgebung anbelangt, ist es, wenn jemand es nicht wert ist, namentlich genannt zu werden. Mit einem Heine-Wort: Keinen Namen soll er tragen, nicht gedacht soll seiner werden. *Babendererde* wurde meist als etwas Handfestes, ein Auf-dem-Boden-Stehen interpretiert, doch wäre dieses «baben», das ja nichts weiter als oben oder oberhalb besagt, auch als ein Über-dem-Boden-Schweben auszulegen. Ingrid in ihrer naiven Geradheit ist ja nicht so ganz von dieser Welt.

So schwer es ihm gefallen sein muß, der änderungsunwillige Johnson akzeptierte also auch noch die Ablehnung seines Manuskripts durch Brechts berühmten Verleger, von dem er sich einiges versprochen haben wird. Er suchte sein Auskommen durch Auftragsarbeiten zu sichern und machte sich an einen neuen Stoff, die Geschichte von dem Eisenbahndispatcher Jakob Abs.

Unter den Brotarbeiten sind die beiden Übertragungen für Reclam und die Sammlung Dieterich die gewichtigsten. Bereits während der Rostocker Studienjahre hatte Johnson, vielleicht lediglich, um den Universitätswechsel vorzubereiten, ein Praktikum in Reclam-Verlag der Möglichkeit vorgezogen, hinter die Kulissen des Berliner Ensembles zu blicken oder im Sekretariat des Schriftstellerverbandes eingesetzt zu werden, in dem zu diesem Zeitpunkt Christa Wolf arbeitete. Aber Leipzig bedeutete ja allemal auch, auf das Berlin der offenen Grenzen zu verzichten, auf Kinobesuche und Orientierungsgänge in den Westteil, zugunsten der Buchstadt. Die Neufassung des «Nibelungenlieds» fertigte

Johnson zusammen mit Manfred Bierwisch, dem Jake, dem Johnson zum 50. Geburtstag 1980 eine Würdigung schrieb. Bierwisch hatte auch den Übersetzervertrag bei Reclam erhalten. Als Johnson, bei Erscheinen der *Mutmassungen über Jakob*, auf Drängen seiner Freunde nach Westberlin übersiedelte, kam Bierwisch in die mißliche Situation, seinen Namen für das Nachwort hergeben zu müssen, das Johnson verfaßt hatte. Die Möglichkeit, ein Nachwort zu schreiben, wurde in der DDR als Chance essayistischer oder literaturkritischer Äußerungen sehr gern wahrgenommen, war die Zahl der Literaturzeitschriften doch äußerst begrenzt, und sie schrumpfte im sich verschärfenden Zentralismus immer weiter. Ökonomische Gründe dienten als Vorwand zur Flurbereinigung, durch die der Blätterwald übersichtlich gehalten werden konnte.

Die zweite umfänglichere Arbeit war eine Übersetzung aus dem amerikanischen Englisch. Der Leipziger Privatverleger Rudolf Marx, ein distinguierter älterer Herr, hatte in seiner wohlfeilen «Sammlung Dieterich» vor allem amerikanische, russische und skandinavische Erzähler veröffentlicht. Johnson übertrug Herman Melvilles «Israel Potter. Seine fünfzig Jahre im Exil» (1855). Offenbar hat Johnson sich nur an Aufträge gesetzt, die ihm nicht ganz gegen den Strich gingen, oder er machte Fremdes zu Eigenem durch eigenwillige Interpretation. Der Seemann Israel Potter aus den abgefallenen amerikanischen Kolonien wird in eine feindliche Armee gepreßt und muß teilnehmen am Kampf der «Serapis» gegen die «Richard». Endlich an Land gelangt, schuftet Potter im englischen Mutterland in einer Ziegelei, er schlägt sich durch nach London, findet im Alter einen Sohn, dem er so viel und so Anschauliches von Neuenglands Bergen erzählt, daß der beschließt, das ererbte Elend abzuschütteln und heimzukehren in die amerikanische Fremde. «Die Einsiedelei im Wald ist die Zuflucht des engherzigen Menschenhassers; die Hängematte auf dem Ozean ist das Asyl für die Betrübten großmütigen Geistes.» Und «die Massen der Großstadt schützen den verfolgten Menschen, denn dies ist die wahre Einsamkeit».[101] Sentenzen, manchmal dicht am Sentimentalen, wechseln mit kurzen rhapsodischen Passagen, die den Text mit Rhythmus und Stabreim voranpeitschen, von geläufigen Bibelzitaten untersetzt. Wie schon bei den «Nibelungen», dort zum Leidwesen einer ehemaligen Kommilitonin, die als Lektorin alle Abweichungen vom Original herauszufinden hatte und sich auf die Probe gestellt sah, schmuggelte Johnson auch in diesen Text sehr moderne Formulierungen ein wie die über eine Seeschlacht: «Es war eine vereinigte und genossenschaftliche Verbrennungs-Aktiengesellschaft.»[102] Karl-Heinz Wirzberger, der spätere Rektor der Humboldt-Universität, schrieb wie für alle Melvilles in der «Sammlung Dieterich» das Nachwort.

Als Johnson die DDR verließ, lag nicht eine Zeile gedruckt vor, die kenntlich gemacht worden wäre durch seinen Namen.

Leben nicht unter «handelsüblichen Namen» [103]

Inwieweit Slánskýs Schicksal in der DDR außerhalb von Parteikreisen bekannt wurde, läßt sich von heute aus schwer ermessen, aber Wolfgang Leonhards Lebensbericht «Die Revolution entläßt ihre Kinder» konnte lesen, wer sich darum bemühte, Orwells «1984» ließ sich als erschwingliche Taschenbuchausgabe einschmuggeln, ein Buch über das Moskauer Emigrantenhotel Lux kursierte in späteren Jahren. Am einprägsamsten schilderte Arthur Koestlers Roman «Sonnenfinsternis», wieso sich Kommunisten in Verhör und Prozeß selber all der Ungeheuerlichkeiten bezichtigen konnten, die sie nicht einmal gedanklich bis zum Ende durchgespielt, geschweige denn in Einzelheiten geplant oder gar vollzogen hatten. Aber an den Koestler mag sich kaum jemand getraut haben. Bestürzt durch die Enthüllungen des XX. Parteitages der KPdSU, mit dem das Jahr 1956 begonnen hatte, entmutigt durch den Ausgang des ungarischen Selbstbestimmungsversuches im November, durch die Prozesse im März 1957 zur Raison gebracht, taten die Intellektuellen, soweit sie in der DDR blieben, was sie immer schon getan hatten, darin ganz der Parteinomenklatura gleich: Sie zogen die jeweils passenden Gründe heran, die geeignet waren, die früheren Fehlentscheidungen und Halbherzigkeiten zu entschuldigen. Die Drohung mit der Atombombe lasse keine Schwächung des eigenen Lagers zu, man dürfe der Dritten Welt nicht in den Rücken fallen, Überspitzungen gebe es zu allen Zeiten, das seien Randerscheinungen, man müsse nach vorne diskutieren, der zynische Satz von den Spänen, die beim Hobeln unvermeidlich fielen. Als am 4. Oktober 1957 der erste künstliche Himmelskörper den Sowjetstern durch das All trug, retteten sich Schriftsteller in Euphorie über dieses Zeichen technischer Errungenschaften, wie aufatmend, als ob der Satellit das klärende Wort sei. In wichtigen Neuerscheinungen der frühen sechziger Jahre wird Sputnik I voller Hoffnung wie eine Welterlösungsmaschine begrüßt.

Wenn Johnson zu Grass und Hans Werner Richter sagte, er wolle sich seine Biographie nicht beschädigen, dann versuchte er, diesem Vorsatz nachzukommen, gerade indem er sich als lernfähig erwies und umdachte: also prüfte und erwog und bekräftigte, oder verwarf. Und erst dachte und dann das Wort nahm. Im Leipziger Freundeskreis wurden die Seg-

Ein Spaß mit Kopfbedeckungen in der Erdener Straße in Berlin: der Hausherr Hans Werner Richter

nungen der Kybernetik rund ein Jahrzehnt früher diskutiert, bevor der Nutzen selbstregulierender Systeme offiziell eingesehen und das Modelldenken verordnet wurde. Nun wohnte der marxistischen Weltanschauung ein gehöriges Quantum fast mechanisch wirkenden Determinismus inne, aber die Erkenntnisse dieser neuen Wissenschaft waren auf fast unterkühlte Weise zwingend. Der avantgardistische Belletrist kam in die paradoxe Situation, gegen den schneidend klaren Rationalismus der Sprachwissenschaftler, die den Fortschritt auf ihrer Seite wußten, scheinbar überholte Positionen zu behaupten. Andererseits muß er mit sich selbst in Streit gelegen haben, wenn er ein Unverformbares in jedem Individuum erblickte, nenne man es Seele oder, wie Johnson häufiger, Mitte, und diesem Zentrum Unzerstörbarkeit, auch Unberechenbarkeit zugestand, das eigene Leben jedoch nach einer Vorstellung von sich ausrichten wollte ein für alle Male. Zu den Überraschungen in Johnsons Wesen gehört gerade diese Mischung aus kühler, manchmal blasierter Rationalität und unerklärlicher norddeutscher Hintersinnigkeit, die erschrickt vor den eigenen Visionen und Obsessionen. Hans Werner Richter bemerkte den «unbeholfen[en] und auch etwas täppisch[en]» Johnson, soweit es um Alltagsdinge ging.[104] Hans Mayer hob eine charakterliche Seite hervor, die fast unabdingbar zu einem Schreibenden gehört: «Uwe Johnson hat von jeher die Mystifikation geliebt und die List, bisweilen auch in boshafter Weise.»[105] Johnson traute eben auch seinen Gesichten, den Zahlenorakeln und Vorbedeutungen, und mißtraute sich.

Die beiden frühen Romane *Mutmassungen über Jakob* und *Das dritte Buch über Achim* sind, trotz aller detailbesessenen stimmigen Schilderungen auch technischer Abläufe, Absagen an die Technikgläubigkeit, wie zu zeigen sein wird.

Daß Johnson die Dinge, bekannte wie unbekanntere, in ihrer Beschaffenheit und Funktion, daß er Abläufe und Verzahnungen so überaus präzise beschrieb, die Personen hingegen im Vagen beließ, wird mehrere

Gründe gehabt haben. Einmal mögen sich Menschen über die wahren Absichten ihres Handelns selber nicht im klaren sein, oder sie verbergen sie. Auch vor sich selbst. Zum anderen schien er einem alten biblischen Gebot Folge zu leisten, dem, sich kein Bildnis zu machen. Menschen nicht festzulegen auf etwas Statisches, Reduziertes, macht sein Schaffen dem seines Freundes Max Frisch vergleichbar, dem Frisch des «Stiller» und der «Biographie. Ein Spiel» noch im Diskurs und in der Entgegensetzung.

Die endvierziger und fünfziger Jahre waren für eine gewisse Schicht der jugendlichen Leser auch im Osten Deutschlands das Jahrzehnt, in dem die großen Amerikaner entdeckt wurden, John Dos Passos und Thornton Wilder, Theodore Dreiser und John Steinbeck, Elmar Rice und Harper Lee, Sinclair Lewis und Thomas Wolfe, vor allem Ernest Hemingway. Für die Stimmungslage, das philosophische Denken, war eher Sartre die bestimmende Größe.

Durch Eberhard «Béla» Klemm war der Freundeszirkel auf Theodor Adorno gestoßen, und über die Beschäftigung mit diesem auf Walter Benjamin. 1955 hatte die zweibändige erste Werkauswahl Benjaminscher Schriften Lesern die Augen geöffnet, daß der Kulturkritiker anderes war als ein Aphoristiker und mehr als eine Fußnote zu Brecht. Johnson hatte sich die zwei Bände aus dem Suhrkamp Verlag bald verschafft; sie wurden ihm geschenkt. Natürlich ist es verstiegen zu folgern, der «angehende Schriftsteller» «understand» Benjamins Denken «so konsequent wie subtil» [106], als er sich an die *Babendererde* machte. Ganz abgesehen davon, daß das zeitlich nicht zutrifft, beschränkt Johnson sich noch in den *Begleitumständen* von 1979, soweit er auf Benjamin zurückgriff, auf die Erörterung von Verfahrensfragen, auf Technisches bis hin zur Papierwahl. Johnson sagte unverblümt, *für sich* müsse er *Walter Benjamins* Thesen *über die Technik des Schriftstellers […] noch einmal […] erfinden* [107]. Erfinden!

Die literarische Offenbarung jener Jahre hieß William Faulkner. Manfred Bierwisch berichtete von einer Lesung im Garten seines Elternhauses, in die Johnson natürlich nicht unvorbereitet ging, aber er las aus «The Sound and the Fury» wie aus einem deutschsprachigen Buch, und das nicht, um zu imponieren. Nicht, um Einwände und Gegenargumente im Keim zu entkräften. Er las hingerissen, seine Begeisterung den Zuhörenden übermittelnd. Sie sollten hinhören und teilhaben. Er las wie aus Eigenem.

Vom 6. Februar 1958 bis 4. Dezember 1958 schrieb Uwe Johnson die Druckfassung seines Romans *Mutmassungen über Jakob* nieder, das Manuskript trug noch eine längere Zeit den Arbeitstitel *Guten Tag, Jakob*. Vorfassungen waren vermutlich schon bald im Anschluß an die *Babendererde* entstanden, beziehungsweise bald nachdem Johnson Szenen, die in einer Seenlandschaft angesiedelt waren, wie Manfred Bierwisch sich deutlich erinnert [108], schreiberisch in eine Sackgasse geführt hatten. Vielleicht handelt es sich um genau die Passagen, die er camouflierend in

eine spätere Zeit verlegt und als Begründung gegen vorzeitige Festlegungen durch das Abfassen von Exposés in die *Begleitumstände* als Irr-
läufer aufgenommen hatte.[109]

Im Jahr 1956 waren Johnsons Mutter und Schwester in den Westen
übergesiedelt, zuerst nach Ulm, dann nach Karlsruhe. Johnson hatte den
Haushalt auflösen und die Wohnung in Güstrow, Ulrichplatz 19, räumen
müssen. Sie wäre auch dann nicht zu halten gewesen, wenn es sich nicht
um eine Dienstwohnung aus dem Kontingent der Reichsbahn gehandelt
hätte. Das hing weniger mit der Mietzahlung zusammen als mit dem Status eines Studenten und dem streng verwalteten zu knappen Wohnraum.
Aller Wahrscheinlichkeit nach wird er erneut polizeilich verhört worden
sein, die Mitwisserschaft beim Delikt der Republikflucht machte straffäl-
lig. Johnson blieb, solange er Güstrow noch als Heimatadresse angeben
konnte, das Vorrecht, billig in der Kantine der Reichsbahn eine warme
Mahlzeit einnehmen zu dürfen. Die Gespräche der Lokomotivführer
und Rangierer, der Schaffner, der Schalterangestellten und der Kursteil-
nehmer der Reichsbahnschule waren Draufgabe für den Schreiber.

Heinrich Bölls «Billard um halbzehn», die «Blechtrommel» von Günter Grass und eben Johnsons *Mutmassungen über Jakob* hießen die großen
literarischen Ereignisse am Ende dieses Jahrzehnts, die die deutsche
Nachkriegsliteratur auch international ins Blickfeld rückten. Merkwür-
digerweise war bis dahin Neuentstehendem in Ost und West Provinzia-
lität vorgeworfen worden. Johnsons Buch stellte in mancherlei Beziehung
ein Novum dar; vom Stofflichen her lebt der Roman ganz in der Arbeitswelt des Eisenbahners, wäre also geeignet gewesen, die Forderungen, die
die Kulturkonferenz im Petrolchemischen Kombinat von Bitterfeld im
April 1959 zum Programm erhob, vorauseilend zu erfüllen. Thematisch
ist es, wenn man von Arno Schmidts «Das steinerne Herz» absieht, das
erste Buch, das in beiden Deutschland spielt, ja, das ein Eingespanntsein
der Nachkriegsdeutschen in den Ost-West-Konflikt der Machtblöcke bis
zum Zerreißen vorführt, und das nicht national isoliert, sondern vor dem
Hintergrund der ungarischen Ereignisse, die am letzten Oktobertag, als
Imre Nagy den Austritt aus dem Warschauer Pakt für sein Land erklärte,
die Wendung zur Katastrophe nahmen. Am 4. November 1956 verhafte-
ten die Sowjets den ungarischen Verteidigungsminister und ließen Panzer rollen. Einem, der aus der Kanzel seines *grossglasäugigen Stellwerk-
turms*[110] die Weichen und die Signale zu stellen und die Vorfahrten zu
regeln hat, mußte es auffallen, daß selbst D-Züge mit internationalen An-
schlüssen auf der Warteschleife ihre Zeiten überzogen, um schwerfälligen
Militärtransporten die Vorfahrt zu lassen. Die Güterzüge mit Kriegsgerät
und russischen Soldaten nahmen alle eine Richtung: als Diagonale durch-
schnitt ihre Spur das Land vom Nordwesten in den äußersten Südosten.
Aber das ist nur ein Strang des Politischen im Roman, Johnson strebte
die Totale an. Ein Tabubruch bestand schon im Aufgreifen der Harich-

Zerstörte sowjetische Panzer in Budapest, November 1956

schen Konstellation, in die Johnson den Intellektuellen Jonas Blach stellt. Blach, früherer Freund der Gesine Cresspahl, die 1953 der Arbeiterrepublik den Rücken gekehrt hat, nach dem 17. Juni, sucht beim alten Cresspahl auf dem flachen Land im Mecklenburgischen Unterschlupf, um ein Redemanuskript über einen national eigenständigen Sozialismus umzuarbeiten für einen Zeitschriftendruck. Noch glaubt Blach sich ungefährdet. Aber er und seinesgleichen sind bereits im Fadenkreuz ständiger Beobachtung: *Sie stellen sich hin und reden über die künstliche Atmung der sozialistischen Moral als hätten sie Veränderungen vor. [...] als hätten sie die Ministerien insgesamt und mein Wort gilt nicht mehr vor allen Türen.* Der so grollt, fragt sich, *wer sind sie denn, dass sie die Wirklichkeit ersetzen könnten.*[111] Mit dem Hauptmann Rohlfs von der Staatssicherheit – er ist es, der räsonniert –, mit ihm und seinem Assistenten Hänschen nimmt Johnson Geheimdienstermittler, wie sie bislang immer nur im einschlägigen Milieu des Thrillers und dann in Abwehr gegen eindringende äußere Feinde literaturfähig waren, in einen seriösen Roman auf. Rohlfs versucht über Jakobs Mutter Marie Abs Kontakt zu Gesine zu knüpfen. Gesine hat ihre Fremdsprachenkenntnisse in den Dienst der NATO gestellt, in einer, bei ihrer Herkunft, gerade noch erträglichen Funktion: Gesine nimmt Flurschäden nach Manövern auf. Rohlfs verschreckt aber die alte Frau. Marie Abs flüchtet. Während das *Unternehmen «Taube auf dem Dach»* läuft, kommt Gesine kurzzeitig in ihr Vaterhaus, obwohl beobachtet. Durch ihre illegale Rückkehr ist Jakob, will er sie schützen, nicht mehr frei in seinen Entscheidungen. Nach Gesines Ausreise wird Jakob ein Treffen im Westen zugestanden. Sich prüfend, ob er in der Bundesrepublik bleiben möchte, fährt er zurück. Rohlfs ermittelt nicht gegen Störenfriede von außen, er versucht anzuwerben und wird am Ende den Dr. Blach verhaften. Johnsons Biograph hat das Verhältnis Gesine (und Jakob) versus Rohlfs auf die einprägsame Formel gebracht, hier stehe intime Kenntnis gegen distanziertes objektives Wissen.[112]

Nach seiner Rückkehr kommt Jakob ums Leben, obwohl er regelrecht einen Instinkt für alles, was mit Schienen zusammenhängt, entwickelt hat in den sieben Arbeitsjahren bei der Bahn. Unfall? Selbstmord, Mord gar? Das Buch hebt an mit einem Einspruch: *Aber Jakob ist immer quer über die Gleise gegangen.*[113] Was folgt, folgt insofern dem Modell eines Kriminalromans, als den Ursachen nachgefragt wird; Jakobs Umstände und Charakter kommen zur Sprache. Stimmen versuchen, die Wahrscheinlichkeiten, die für oder gegen eine Unfallhypothese sprechen, abzuwägen, darüber hinaus sich über den Toten zu verständigen.

Von Hansjürgen Popp bis zu Sven Hanuscheks sauberer Fabelnacherzählung gab es zahlreiche Versuche, die Struktur der *Mutmassungen* offenzulegen, denn anders als in der Markenware Kriminalroman läuft das Geschehen in Johnsons Darstellung simultan ab, und die Redenden wechseln. Echte Dialoge, der Redebeginn gekennzeichnet durch Kommandostrich, stehen neben kursiv gesetzten inneren Monologen. «Die Dialogpassagen sind die Gespräche zwischen Jöche und Jonas (Kapitel I, II), Jonas und Gesine (III) sowie Gesine und Rohlfs (IV).»[114] Jöche, das ist ein Eisenbahner gleich Abs. Dem polyphonen Stimmenkonzert gibt ein Erzähler die Stichworte zum Einsatz, und im letzten Kapitel trägt er nach, was die drei Redenden zusammenführte. Er springt quasi ein, wenn der Erzählfluß stockt. Aber auch er kann nicht verbindlich sagen, weshalb Jakob starb. Über die Beweggründe menschlicher Handlungen kann es nur Mutmassungen geben, zumal Selbsttäuschungen nicht auszuschließen sind. Der Terminus prägte in der Folgezeit eine ganze Richtung, der Max Frischs Roman «Mein Name sei Gantenbein» ebenso zuzurechnen ist wie Christa Wolfs «Nachdenken über Christa T.». Noch die Skizze «Der Schatten des Körpers des Kutschers» von Peter Weiss bezog ihren Reiz aus den Vermutungen des Beobachters hinterm Holzstoß.

Auch Hans Mayer hat den Versuch unternommen, die Fabel nachzuerzählen wie eine «traditionelle Story [...] mit Weil und Darauf, Andererseits und Bevor. Folglich mitsamt allen kausalen und temporalen Zuordnungen, wie es der Leser gern hat»[115], und er kam zu dem Schluß, es ginge nicht, alle Romanfiguren handelten «absurd, unvernünftig, ohne Konformität mit Zeit, Ort und Umwelt»[116]. Als Individuen eben, nicht als Typen, nicht als Repräsentanten des Wahrscheinlichen. Jedem Nutzdenken, jeder Zweckmäßigkeit abhold. Blach, dem noch Fluchtmöglichkeiten offenstünden, entscheidet sich mit fast der gleichen Begründung, mit der Ingrid Babendererde zu der prekären Versammlung in die Aula ging.

Ich habe etwas angefangen, vielleicht will ich sehen was daraus wird.[117]
Eine «vernünftige» Rekonstruktion des Geschehens eliminierte aber
auch genau die Fragen, auf die es Johnson ankommt. Gerade weil die
Handlung nicht ursächlich kausal, sondern komplex und ineinander ver-
zahnt abläuft, weil jede der Figuren vielfältig eingebunden ist in persönliche Verpflichtungen und gesellschaftliche Teilfunktion, gibt es kein
Entrinnen. Man findet die gegensätzlichen Positionen der Leipziger Dis-
kussionsrunde im Roman wieder. *Jedermann ist eine Möglichkeit*, urteilt
Rohlfs[118], und so ähnlich formuliert es Jöche, Eisenbahner wie Jakob,
wenn er zu bedenken gibt: *Ich gebe dir alles zu mit der wie hast du gesagt
eigenartigen Person und Jedem sein eigener Blutkreislauf, Niemand Kann
Im Ernst Dein Lächeln Nachahmen*; doch dann folgt die Einschränkung:
Aber kommt es darauf an? wird denn das erheblich?[119] Hier auch liegt die
Herausforderung an den Leser, dessen Widerspruch erwartet wird.

Das Epochale der *Mutmassungen* liegt nicht allein in den Unbe-
stimmtheiten, die, wollte man ignorant Urteilenden folgen, ein beherzte-
rer Autor kraft seines Hausherrnrechts zum Eindeutigen hin entschieden
hätte. Eine krasse Gegenposition zu Johnson nahm aus seinem Umfeld
der Lyriker und Erzähler Johannes Bobrowski aus dem Ostberliner Fried-
richshagen ein, dessen Roman «Levins Mühle» sehr wohl zum Sprach-
gestus des Mutmaßenden griff, allerdings um den Autorenstandort fra-
gend freizulegen. Bobrowski lud keinen Moment zur Identifikation ein,
selbst nicht zu der mit Figuren, die positiv geeicht waren. «Weil Figuren
ein gewisses Eigenleben» entwickeln und dem Autor «Konsequenzen auf-
zwingen können», setzte er, buchstäblich, das Hausrecht des Autors dagegen, weitgreifende Befugnisse «nicht nur der Sprache gegenüber, sondern auch den Fakten gegenüber, auch gegenüber den Figuren».[120] Bobrowski hoffte, auf diese Weise die mißverständliche Nachbarschaft zu den
Vertriebenenverbänden durch die – unumgängliche – Ortswahl seiner Geschichten auszugleichen. Eine sich heraushaltende Sicht nämlich wurde
von der marxistischen Ästhetik als feindlich bewertet. Demzufolge wurde
die Position eines allwissenden Erzählers nach dem Muster der Erzählstrategien eines Balzac gefordert, wenn die Forderung auch umschrieben
wurde. Die allwissende Erzählsituation entsprach dem Sendungsbewußt-
sein der Emigranten, die sich als Erzieher einer verführten Nation begriffen bei ihrer Rückkehr nach Deutschland, und sie kam der Omniprä-
senz der kommunistischen Lieblingsidee von der Führungsrolle der Partei und ihrem Planspieldenken entgegen. Die Gegenposition ist die des
ratlos Fragenden, eines Erzählers, der nicht klüger sein will als seine Leser. Den Standpunkt der Gleichrangigkeit Autor–Leser haben sich Schriftsteller der DDR, oft über Umwege, erst mühsam erarbeiten müssen in einem quälenden Prozeß der Abnabelung. Bobrowski markiert das eine Extrem. Christa Wolf, die später auf die Integrität des Autors setzte – «der
Autor nämlich ist ein wichtiger Mensch»[121] –, hatte in Vorbereitung des

Johannes Bobrowski, 1964

IV. Schriftstellerkongresses 1956 noch getönt, «viele junge Autoren [drängten] nach Auseinandersetzung mit der jüngsten», von ihnen selbst ja nur als Pubertierende erlebten Vergangenheit[122], während die Partei nicht müde wurde, den älteren Schriftstellern «das große epische Werk über das neue Leben»[123] abzufordern, paradoxerweise. Dieser Konstellation, die auch für Johnsons Schreiben die Rahmenbedingung bildete, war Brechts Engagement für den jungen Erwin Strittmatter als Bühnenautor geschuldet; Brecht inszenierte die von einem talentierten Jüngeren in Stücke gefaßte Gegenwart (schon in «Katzgraben» gibt es den in den Westen flüchtenden Großbauern wie später in Strittmatters Roman «Ole Bienkopp»).

Ein letztes. Die nennenswerte deutschsprachige Literatur, soweit es sich um erzählende Prosa handelt, blieb auch in den Spielarten der Spätmoderne weitgehend den Landschaften treu, wie schon die klassische Erzählliteratur des 19. Jahrhunderts; als Dorf- und Antiheimatroman von Hans Lebert bis Gerhard Roth, von Josef Winkler bis zu Gert Jonkes «Geometrischem Heimatroman», und noch bei der um eine Generation jüngeren Anna Mitgutsch ist das im Österreichischen unverkennbar. Der Leser trifft aber auch auf Regionaltypisches in einem sehr komplexen Sinne bei den deutschen Autoren Böll, Grass, Lenz, Bobrowski, Kempowski, dem Alemannen Martin Walser und bei Arno Schmidt. In einer umfassenden Inventur einer Region fließen Dialekt und stammesspezifisch Mentales, Sozialgefüge und Zeitumstände, wiedererkennbare Lokalitäten und tatsächliche historische Ereignisse zusammen. Johnson ist nun d e r Landschafter unter den Erzählern. Einige seiner Naturbilder werden immer wieder zitiert, das vom Fischland als dem schönsten Flecken von der Welt, die Heidbergpassage, in der Gesine und Anita Gantlik ihren Freundschaftsbund fürs Leben schließen, und die pure Aussage über die Seen- und Flußlandschaft Mecklenburgs, wohin er, der Autor, *in Wahrheit gehöre*, in seiner Darmstädter Dankesrede.[124] Schon in seiner ersten Veröffentlichung findet sich eine Passage wie aus dem Heimatkundeunterricht, und der dort Schulwissen memoriert, beugt sich tatsächlich über eine Flurkarte, die die Spuren einer Lehrerhandschrift trägt. *Mitten in die Ostsee über der Küste war «Rode-, Hagendörfer» ge-schrieben mit der roten Tinte, das Eis der skandinavischen Gebirge wälzte sich auf das heutige Europa, die Gletscherschmelze schob Erdwälle auf und wusch das Gestein zu weiten welligen Sandflächen auseinander, am Ende der mecklenburgischen Seenplatte hat eine weitere Rückzugsstaffel des Eises die nördliche oder innere Endmoräne aufgetürmt, Endmoränen nennt man die Ablagerungen am Eisrand, Grundmoränen die der Eis-fläche.* Und so geht es weiter, bis ein *Nein,* scharf wie ein Peitschenknall, dagegen gesetzt wird: *Wer dieses Land bei Nachtzeit durchstreift zum Spaß und zur Erholung sozusagen (nicht im Dienst und nicht auf der Heimkehr von der Arbeit und nicht zum Nutzen der Allgemeinheit in einem irgend erfindlichen Sinn sondern nur auf der Suche nach einem Land, das ferne leuchtet wie man hört) sollte sich klarmachen, in jedem Falle daß wir nicht fragen werden nach dem eiszeitlichen Oberflächenauf-bau der Landschaft und nicht nach einer Heimat der Erinnerung, sondern etwa ob einer sich das vielleicht anders denkt mit den erkennbaren Verbes-serungen des menschlichen Befindens. Soll der Kapitalismus zurückkeh-ren in die Landwirtschaft?* Der hier eigentlich Wege ausmachen soll, auf denen jemand den Abstand zwischen Jerichow und der Grenze unbe-merkt überwinden könnte und sich in seiner Ungeduld in Rage redet, ist Rohlfs Assistent Hänschen. Der Monolog schließt: *Wer nicht für uns ist ist gegen uns.[...] Es wird gefragt werden wer ist für uns und nicht wie ge-fällt dir die Nacht mit den dunklen Dörfern zwischen den Falten des Bo-dens unter dem mächtig gewölbten Himmel.*[125] Das «Orplid»-Zitat spielt auf ein Buch Ehm Welks an, «Mein Land, das ferne leuchtet», nach Mörike.[126] So wie in diesem Beipiel hat Uwe Johnson seine Landschafts-beschreibungen fast immer Personen zu- und der Situation untergeord-net. Aber auch die leicht höhnende Satzmelodie der rhetorischen Fragen dicht an der Unterstellung ist hier gut nachvollziehbar.

Gerade die Syntax und die verquere Grammatik boten zu Interpreta-tionen Anlaß. Statt der in der Schriftsprache üblichen untergliedernden Abfolge der Satzteile standen die Redeteile gleichberechtigt nebenein-ander, in Parataxe, wie die Sprachwissenschaftler sagen; auf halbem Wege ändern die Gedanken ihre Richtung, sie setzen neu an, verstärken Gesagtes durch Wiederholung, der Sprechende wird vorgeführt in den Mühen des Formulierens. Parataktisches Reden umgeht Begründungen. *Ich habe gelegentlich versucht, zwischen Subjekt und Objekt eine direkte Verbindung durch das Verb herzustellen und die späteren Bestandteile der Handlung nachzuliefern, weil sie lediglich Bestimmungen sind*[127], spielte er seine verfremdenden und andeutenden Umschreibungen, soweit sie den einzelnen Satz betreffen, herunter. Und seine Interpunktion werde bestimmt durch den *Fluss des lesenden Denkens*[128]; Kommata werden nach Sprechpausen gesetzt wie im Englischen. Für die englische Aus-gabe fügte Johnson die Namen der Sprecher übrigens hinzu.

Beschreibung eines Sprachdilemmas

Unterschrieben von einem Michael Roeder, nennt ein Brief aus dem Hause Suhrkamp an Walter Höllerer in einer Vitrine im «Akzente»-Archiv und Literaturmuseum von Sulzbach-Rosenberg den Autor Joachim Catt, im Johnson-Archiv zu Frankfurt wird sogar der Andruck des Haupttitels mit diesem Autorennamen überm Buchtitel *Mutmassungen über Jakob* aufbewahrt; Johnson beabsichtigte allen Ernstes, unter Pseudonym in der Bundesrepublik zu publizieren und in der DDR zu leben, zwar keiner der 165 geförderten «Jungen Autoren», die sich in einem fragwürdigen Dichterruhm sonnen konnten[129], aber ein aufmerksamer Beobachter bei schwieriger Gratwanderung, wie noch sein am Ende dann doch verpatztes Prüfungsthema zum Studienabschluß belegt.

Auf dringliches Zureden seiner Freunde stieg er am 10. Juli 1959, als sein Romandebüt im Westen ausgedruckt wurde, in Westberlin aus der U-Bahn, wohnte ein paar Wochen, unter Umgehung der demütigenden Lagerquarantäne, Spechtstraße 5 im gutbürgerlichen Villenort Dahlem zur Untermiete, bis ihm im September eine Atelierwohnung zugewiesen wurde, Niedstraße 14. Johnson war angekommen, wo man *die Grenze: den Unterschied: die Entfernung*[130] hautnah spürte tagtäglich.

Johnson konnte, so er wollte, abgeschirmt leben, nichts als die Adresse eines Postschließfachs, wie er, Unseld dankend, sich erinnerte[131], und doch muß er bald schon einen solchen Bekanntheitsgrad erreicht haben, daß es genügte, seinen Namen zu nennen, um Reaktionen der einen oder anderen Art hervorzurufen. Gerüchte, nach denen Johnson illegal in Leipzig aufgetaucht sein soll schon bald nach seiner Flucht, hielten sich als gern kolportierte Legende bis in die Gegenwart. Es gehörte zu Johnsons Grundüberzeugungen, daß ein Autor für seine Worte einzustehen und ihnen Widersprechendem zu trotzen habe. Er fürchtete die Übergriffe von Geheimpolizei und Polizei, ließ es bei aller Angst aber darauf ankommen, ob ihm etwas zustieße. Grass brachte einige Monate vor dem Mauerbau den Namen Johnsons gleich zweimal in Ostdeutschland an, das erste Mal, als er einer Einladung Hans Mayers nach Leipzig gefolgt war und im Hörsaal 40 am 21. März 1961 von dem einstigen Kommilitonen grüßte. «Man wolle diese Grüße nicht, werde sie erst recht nicht

1992 wurde vor der Niedstraße 14 auf Betreiben von Günter Grass eine Gedenktafel für den einstigen Mieter angebracht.

erwidern», parierte der Parteisekretär am Institut die Herausforderung.[132] Auf dem V. Schriftstellerkongreß im Mai in Ostberlin wiederholte sich das. Wieder war es der Danziger, der den Namen des Verleugneten den Ostdeutschen nicht ersparen mochte.

Obwohl Johnson in dem Interview mit Reinhard Baumgart sehr spontan bei Erinnerung an den «Dichter beider Deutschland» abwehrte: *Also damit können Sie mich jagen*[133], hatte er in seinem zweiten Roman die Formel offiziell aufgenommen. *Das dritte Buch über Achim* sollte eigentlich *Beschreibung einer Beschreibung* heißen, aber Hans Magnus Enzensberger hatte dem Verleger beigepflichtet, der an Sprödigkeit kaum zu überbieten Titel sei alles andere denn verkaufsfördernd. Das innerdeutsche Sprachdilemma, das einige Optimisten bis in das Jahr der Einigung nicht wahrhaben wollten, ist tieferes Thema des Romans, der an äußerlichen Attraktionen das Leben einer Schauspielerin und eines Radrennidols bietet und wiederum Grenzgängerei, diesmal die eines Journalisten aus Hamburg in eine Stadt wie Leipzig. Für den Westdeutschen ist es ein Faszinosum, wie *Liebe des Publikums und Strategie der Administration unverhofft einander begegnen*[134].

Eines der großen historischen Daten, die der Sozialismus unbewältigt ignorierte als blinde Flecken in der eigenen Geschichte, ist das Jahr 1953, der Aufstand vom Juni. Nicht nur in Berlin waren Arbeiter auf die Straße gegangen zu einer anfangs friedlichen Demonstration, auch in

Berlin, 17. Juni 1953: sowjetische Panzer am Potsdamer Platz

Rostock und Wismar, in Leipzig, Halle. Bei einer Gefangenenbefreiung in der Saalestadt war eine rechtens verurteilte berüchtigte Aufseherin in einem Frauen-Konzentrationslager der Nazis, Erna Dorn, aus ihrer Zelle vor die Haftanstalt und auf die als Rednertribüne dienende Ladefläche eines LKW gelangt. Ihre flammende Rede, die die Stunde gründlich verkannte, hat Stephan Hermlin in den Mittelpunkt seiner Novelle «Die Kommandeuse» gerückt. Daß ihm bestellte Kritik damals die mißdeutbare «Helden»wahl vorrechnete, mag angehen, daß der Titel in bio-bibliographischen Auflistungen und Lexikonartikeln bis ans Ende der DDR unterschlagen wurde, hingegen zeugt von der Tiefe des Traumas. Denn daß Hermlin trotz der Beschränkungen eines inneren Monologs die Figurensicht auch nicht in Ansätzen teilte, war fraglos und nur übelwollend anzuzweifeln. Es ging nicht einmal, wie ihm unterstellt wurde, um Anteilnahme oder Mitleid. Aber den 17. Juni durfte es nur in Gestalt Westberliner Achtgroschenjungen geben, die die Demarkationslinie überschritten hatten unter dem Schutz und den Versprechungen amerikanischer Auftraggeber. Stefan Heyms Roman «Der Tag X» («Fünf Tage im Juni») durfte 1960 lediglich intern diskutiert werden, und noch die Drucklegung machte das überarbeitete Manuskript 1974 nur in der Bundesrepublik öffentlich.

Die Ereignisse des Jahres 1953 gaben, was ihre Unberechenbarkeit betrifft, Johnson recht: Obwohl das Politbüro der SED am 9. Juni sich zum Eingeständnis «einer Reihe von Fehlern» bequemte und Maßnahmen zur verbesserten Lebenshaltung und «Stärkung der Rechtssicherheit» versprach[135], entlud sich der Volkszorn erst eine gute Woche danach, trotz versprochener Rücknahmen und eingeleiteter Korrekturen.

Ein Foto vom 17. Juni, das Achim im Demonstrationszug zeigte, beendet Karschs Bemühungen um dessen Biographie und die Verbindung Achim – Karin. Von ihr, seiner früheren Wohngefährtin, wurde der westdeutsche Journalist Karsch eingeladen, als sollte ihm ihre jetzige Lebensführung vorgeführt werden. Sie, Schauspielerin, lebt mit einem Radrennfahrer zusammen, dessen Popularität für ein Volkskammermandat genutzt wurde. Karsch, befremdet vom Alltag im anderen deutschen Staat, bleibt über Erwarten und wird hineingezogen in einen Auftrag, trotz zweier bereits existierender Lebensbeschreibungen des Sportidols einen dritten Versuch zu wagen. In Gesprächen mit Leuten aus Achims Umfeld findet Karsch heraus, das jetzige große Vorbild war nicht immer Vorbild, Achim war HJ-Führer, vor dessen Fanatismus der eigene Vater auf der Hut sein mußte, und für die Russen empfand er bei dem ersten Zusammentreffen nicht Freundschaft oder, als Befreiter, Erleichterung, er fürchtete sich vor ihnen.

Bei den Weltfestspielen in Berlin tauscht Achim, schon Amateurrennfahrer in einer Sportgemeinschaft, Geld um, weil Gangschaltungen im Osten noch nicht zu haben waren. Er machte sich, wie das in der Amtssprache hieß, eines Devisenvergehens schuldig. Befürchtungen und kaltblütiges Handeln, Befriedigung, Stolz und Scham, das Naheliegende als das schier Undenkbare, die unterschiedlichen Bewertungsraster, alles das klingt in wenigen Sätzen an. Die *angstzerrende Leere*, *das Abwarten* und *die Ohnmachtsgefühle* gegen die Übervorteilung durch den Wechselkurs, der *flaumütige Einkauf* und das *begeisternde Fest* mit der Laurentia-Dollerei – alles widerfährt Achim am selben Tag. In großer Naivität *wartete* er *auf den dickeren Strich, der im Plan das Verkehrsmittel politisierte*[136], die Grenze, die alles verändern würde. Achim kleidet die widerstreitenden Gefühle in einen Vergleich, *sonntäglich* sei es gewesen, er wiederholt das Wort und fügt hinzu: *man kann es nicht sagen*[137]: Man kann es nicht sagen; in den *Mutmassungen* hatte es geheißen: *Selbst wenn da etwas in Sicht gekommen wäre, liesse es sich nicht erzählen.*[138] Was sich in der Tat schwer erzählen ließ, das war die unmerkliche Veränderung, das schleichend Banale, die kleine Lüge, der halbe Kompromiß, Unrecht, das nicht Schuldfreien widerfuhr, dennoch Unrecht blieb, die täglich geübte Schizophrenie, für die der Kauf der Gangschaltung samt dem Geldumtausch Zeichen sind. Während Karsch der Entwicklung nachspürt, besteht Achim auf der Vorbildwirkung seiner Person und verlangt, Karsch habe Ansätze und Ambivalenzen, Brüche und Widersprüchliches zu übergehen. Ursprünglich trug Johnson sich wohl mit dem Gedanken, die divergierenden Auffassungen von Autor und Lektor über das gegeneinanderzusetzen, was als wesentlich in eine Geschichte aufzunehmen sei, wenn unumgänglich ausgewählt werden müsse. Wann ist eine Wahrheit eine Wahrheit, wie es in den *Begleitumständen* heißt.[139] Die Erzählstruktur ist ähnlich kompliziert wie die der *Mutmassungen*, der zurückgekehrte Karsch wird gefragt, wie sein langer Aufenthalt gewesen sei, der Erzählbericht wird unterbrochen von Fragen. Am Ende angelangt, könnte und im Idealfall sollte der Leser mit größerem Gewinn von vorne beginnen. Darin ähnelt die zweite Veröffentlichung der ersten. Hanuschek nennt das «Ringstruktur»[140], andere sprechen vom Aufbrechen der Form und von Polyphonie. Genaueres zur Erzählsituation und den Gründen, warum der Erzähler das Fragepotential des Lesers vorsorglich vereinnahmt, sagt Holger Helbig in einer schlüssigen Untersuchung: Daß der Erzähler «selbst Fragen formuliert und beantwortet, ist die Entsprechung zur Ablehnung der L e s e r fragen bzw. zur Aufforderung, etwas anderes zu fragen. Beide Male verfolgt der E r z ä h l e r konsequent seine Absichten und benutzt die ihm zur Verfügung stehenden Mittel. Er manipuliert den Leser, indem er vorgibt, dessen Interessen zu entsprechen (oder diese wahrzunehmen), tatsächlich aber seine Vorstellungen unablässig umsetzt.»[141] Wenn man Helbig folgen mag in dieser Einschätzung, dann weiß Johnson eben der permanenten staatlichen Manipulation von den relevanten Fragen (*Es wird gefragt werden wer ist für uns*[142]) nur diese Art der Lenkung des Lesers entgegenzustellen.

Johnson hat sich in allen Arbeiten mit dem Wert der Medien und ihren technischen Möglichkeiten bei der Wahrheitsfindung befaßt, die Telefonate geben den *Mutmassungen* den Ton simultaner Direktheit und gleichzeitiger Anonymität, er benutzte Fotografien als Vorlagen für sein Erzählen, er baute Mediales ein und ging damit um wie mit einem Partner, man denke an die Rolle einer de facto personifizierten «New York Times» in den *Jahrestagen*, aber auch an die Kassettenaufnahmen mit Erzählpassagen, die die elfjährige Marie als Zuhörerin noch überfordern, die aber vorhanden sein sollen für spätere Zeiten, *für wenn ich tot bin*[143]. Wie eine Filmkamera nimmt das Auge am Guckloch hinter der Wohnungstür partiell Sequenzen wahr, das Gehirn muß die einzelnen nacheinander registrierten Ausschnitte und Abläufe zusammensetzen.

Im *Achim*-Roman behandelt Johnson die Glaubwürdigkeit von filmischem Material, mithin dem damals technisch höchststehenden Hilfsmittel. Außer Frage ist die Unentbehrlichkeit der Zielkamera bei Rennen, bei denen die Leistungsdichte der Teilnehmer keine Ausreißversuche einzelner oder kleiner Gruppen zuläßt, das Ziel also in der Regel von vielen fast gleichzeitig erreicht wird. Aber als sich die Mannschaft Achims bei einem Rennen in Österreich brüskiert fühlt, weil man in ahnungsloser Schlampigkeit die Sieger aus Leipzig und Berlin mit der Hymne der Westdeutschen ehren will, als diese das Zeremoniell abbrechen und Achim das Podest verläßt, muß die Szene für einen *dokumentarischen [!] Film [...] auf dem Boden des ostdeutschen Staates* nachgestellt werden.[144]

Uwe Johnson, 1962

Einen ähnlichen Vorfall hatte es bei der Olympiade 1956 in Melbourne beim Empfang im Deutschen Klub gegeben, wo man versehentlich das «Deutschlandlied» intonierte statt einiger Takte aus Beethovens 9. Symphonie, auf die sich die gesamtdeutsche Mannschaft verständigt hatte. Achim versucht schließlich, das ihn diskreditierende anonyme Foto vom 17. Juni umzuinterpretieren und zu bestreiten, daß es ihn zeige.[145]

Im «Jo Hinterhand» *(Skizze eines Verunglückten)* und im dritten Teil des *Martha*-Fragments problematisiert Johnson die These von der Beliebigkeit eines scheinbar objektiven, in Wahrheit nur die Oberfläche eines Zusammenhangs erfassenden Dokuments, in diesen Fällen: fotografischen Materials, aber genausogut könnte es sich auch um Begriffliches handeln. *Es gibt so viele Meinungen über die Freiheit, die Welt hat nicht eben auf mich gewartet, ich verhalte mich ja geradezu als hätte ich was zu sagen was niemand weiss und jeder werde zugrundegehen ohne die Neuigkeiten aus meinem Kopf, will ich etwa unentbehrlich sein?*[146] Eine Frage, die Blach in den *Mutmassungen* und Niebuhr und Jochen Schmidt schon in der *Babendererde* bewegt, klingt auch in Johnsons folgenden Büchern als Kernmotiv an. Hat der einzelne ein Recht auf seine Wahrheit?

Hans Mayer hat zutreffend bemerkt, daß es einen Kreis literarischer Figuren gab, die Johnson ein Leben lang vertrauter Umgang blieben und die er *Personen* genannt wissen wollte, und daß daneben ein ihm ferner stehendes Figurenensemble existierte, das er mehr oder weniger nur benutzte, «gleichsam zufällig, überschaut man das Gesamtwerk»[147]. *Das dritte Buch über Achim* durchzieht in dieser Beziehung eine Scheidelinie, der Journalist Karsch wird bis in die *Jahrestage* mitgenommen, mitgenommen nicht nur als erinnerter Schatten oder ein Fall vom Hörensagen, obwohl er, als vor der SS und danach vor den Russen flüchtender Soldat, der damals zwölfjährigen Gesine kaum so vertraut werden konnte, daß sich noch die Fünfunddreißigjährige um ihn sorgt. Andere, darauf ist gleich zurückzukommen, blieben, so wichtig sie einmal gewesen sein mögen, Episode.

Den Aufstand eines «Brudervolkes», der Ungarn, überdies eines Partners im Warschauer Pakt, als historische Wegmarke für das gesamte sozialistische Lager konnten die sich gewöhnlich als Internationalisten gebärdenden DDR-Kommunisten herunterspielen als interne Angelegenheit eines anderen Staates, in die man sich auch kommentierend nicht einmischt. Ulbricht rechnete gründlich ab und machte vor verdienstvollen Altgedienten wie Paul Merker sowenig halt wie vor hochrangigen Funktionären aus Politbüro und Staatsapparat, hießen sie nun Fred Oelsner, Ernst Wollweber, Wilhelm Zaisser oder Karl Schirdewan. Er nutzte selbst prekäre Konstellationen, um seine Macht zu festigen. Der 17. Juni 1953 kam, wie gesagt, nur einseitig als amerikanisch gelenkte Provokation in der Literatur vor oder wurde gern gegen die Prügel aufgerechnet, die die ostdeutschen Weltjugendfestspielteilnehmer in den Westsektoren bezogen hatten. Nachzulesen bei Hermann Kant, Erik Neutsch, noch bei Jurek Becker. Angelegentlicher vermerkte die Literatur den Mauerbau und als dessen Voraussetzung das Thema Republikflucht. Der Dramatiker Helmut Baierl reagierte schon 1962 mit «Fünf Geschichten vom 13.» auf diesen Vorgang, zwei Schauspiele von Harald Hauser und Claus Hammel («Barbara» resp. «Um neun an der Achterbahn») folgten 1964. Uwe Johnsons einstiger Lektor aus dem Aufbau-Verlag, Herbert Nachbar, hatte «Konflikte eines [...] Jagdfliegers und seiner Braut, deren Vater als unverbesserlicher Nazi in der BRD lebt»[148], in seinem Roman «Haus unterm Regen» den üblichen Erwartungen gemäß gestaltet. Das Buch war so liniengerecht, daß es auch verfilmt werden konnte. Als die «Neue Berliner Illustrierte» Nachbars Arbeit als Fortsetzungsroman ankündigte, trug sie noch den Titel «Die Liebe des Christoph B.». Hinter der Initiale verbarg sich ein Name, der dem Fischersohn Nachbar ins

Konzept paßte. Der Name ließ Johnson aufhorchen, Babendererde. Er schrieb Nachbar einen Brief, der ließ den zwar unveröffentlichten, aber aus Johnsons Sicht nicht frei verfügbaren Namen fallen.

Christa Wolf schrieb sich mit seitenverkehrten *Mutmassungen*, dem Roman «Der geteilte Himmel», in die erste Reihe der nachrückenden Autorengeneration, und noch 1988 rechnete ihre Biographin Rita gegen Jakob auf: «Der grundlegende Unterschied liegt darin, daß Rita gerettet wird und als Figur selbst ihre Stimme geltend machen kann.» Die Geschichte von Johnsons verschwommener Hauptfigur hingegen bliebe einem «um objektive und nüchterne Schilderung» bemühten Berichterstatter überlassen.[149]

Auch Uwe Johnson hat auf den gravierenden Eingriff in die Möglichkeit der Begegnung zwischen Ost und West in den *Zwei Ansichten* geantwortet. Die ersten drei, mit dem ungedruckten sogar die ersten vier Romane bilden einen fortlaufenden Reflex auf die fünfziger Jahre; diese zyklenhafte Bezugnahme auf die geschichtlichen Ereignisse der jeweils gerade überwundenen jüngsten Vergangenheit findet mit dem Roman *Zwei Ansichten* erst einmal ihren Abschluß. Man hat die *Zwei Ansichten* Johnsons simpelstes Buch genannt, das am einfachsten verfertigte, im Wechsel wird aus der Perspektive zweier Liebender erzählt, der Krankenschwester D. und des Pressefotografen B. In den Protagonisten sind Ost- und Westsicht noch am ehesten, wie man leichthin sagt(e), «verkörpert». B. zieht nach dem Mauerbau vorübergehend aus einer schles-

Ausbesserung an der Berliner Mauer, 1962.
«...wo Straßen aufgerissen wurden, vermauert, verdrahtet, verstellt, mit Hunden bewacht. Die Grenze war in die Erde gesenkt.» («Zwei Ansichten», S. 58)

wig-holsteinischen Kleinstadt nach Westberlin, um als Fluchthelfer alles vorzubereiten für die Ausreise der D. mit gefälschtem Paß über die Bahn- und Fährverbindung Berlin – Warnemünde – Gedser. B. verliert seinen Sportwagen, und er verunglückt, als er D. nach ihrer geglückten Flucht in Westberlin erwartet. B. hat die Sonntagsreden der Politiker auf sich be- zogen und zahlt einen hohen Preis. Als die trennende Grenze nicht mehr zwischen ihnen steht, merkt das Paar in dieser zeitgenössischen Romeo- und-Julia-Konstellation, daß sich ihre Liebe verflüchtigt hat. *Es kann nicht ausbleiben, daß das Ende anders ausfällt als in den Fassungen vorher*, hatte Johnson in einem fingierten Interview gewarnt.[150] Mit diesem kleinen, 1965 geschriebenen und publizierten Roman kam das Erzählen für Johnson erst einmal zum Abschluß. Die journalistische Häme, die frohlockt hatte, mit dem Erzählband *Karsch und andere Prosa* von 1964 leere jemand seine Schubladen aus, das Wunderkind sei offensichtlich am Ende mit seinem Latein und gebe nun den Nachlaß schon zu Lebzeiten heraus, hatte viel- leicht ein Gespür für die Situation des Autors. Eine Mitnahme der Figu- ren aus einem Buch in das nächste (Hubert Fichte wird es später ähnlich machen) gab es bis dahin so noch nicht; ein seine Geschichte fortschrei- bender Erzähler war vielleicht Robert Musil gewesen, aber nach ihm nie- mand. Bei Faulkner gab es das sehr wohl, aber nicht im deutschsprachi- gen Raum.

Die beiden Romane, die, will man Mayers Aspekt des Werkgedankens folgen, als Zwischenstationen für den Autor von vorübergehender Be- deutung waren, lassen sich von anderer Warte als der Fabelnacherzäh- lung aus untersuchen. Selbstverständlich finden sich auch in ihnen Mo- tive, die das Werk Johnsons insgesamt durchziehen.

Die Identität, die Wirklichkeit, die in einem Namen enthalten ist, wird un- terstrichen, wenn es heißt, der *Eigenname, nomen proprium, ist in Aus- sagen ein Ausdruck, der steht an der Stelle der Person oder Sache, von der die Aussage handelt*.[151] Von Namensmagie ist in der nachgelassenen Lie- besgeschichte *Marthas Ferien* die Rede.

Die Buchstaben D. E. in den *Jahrestagen* konnte Uwe Johnson mit dem Namen Dietrich Erichson auffüllen, der *Zeuge Erichson* stand ihm seit seinem unveröffentlichten Erstling zur Verfügung und war dort in der letzten Fassung als entbehrlich aus der Geschichte entlassen worden. Der kleine Roman hatte keinen personalen Erzähler gebraucht. Ver- trackter wurde es mit dem Nachreichen von Namen für das literarische Personal des dritten Romans. Leser wollten in den *Zwei Ansichten* ein Gleichnis für die Situation in den beiden deutschen Staaten erblicken, demzufolge stand das B. des jungen holsteinischen Bildreporters für die Bundesrepublik und das Signum D. der Ostberliner Krankenschwester für den ersten Buchstaben des jeweiligen Staates. Diese Interpretation war Johnson so wenig recht, daß er die Identität der beiden Siglen lüf-

Nach einer Lesung in Hamburg, 1965

tete. Damit war als Spätfolge das Malheur angelegt, daß der Leser den Namen Dusen- oder Dusendschön in dem Augenblick doppelt besetzt findet, als das im Schreibtisch Verbliebene postum veröffentlicht wird; doppelt besetzt, ohne daß Anzeichen auf eine auch nur entfernte Verwandtschaft zwischen dem verbummelten Arbeitslosen aus Fürstenberg (in *Marthas Ferien*) und Fräulein Beate Dusen(d)schön deuteten. Johnson hatte noch ein übriges getan, er vergab Vornamen und verschränkte die Initialen der beiden Kryptonyme. Mit dem Bildjournalisten aus Norddeutschland unterläuft dem Autor ein zweites Mal ein Lapsus. In einem Gespräch wollte er lediglich die Natürlichkeit seiner Redeweise unter Beweis stellen, als er Reinhard Baumgart aufforderte, der solle nur einmal einen Satz wie den abklopfen: *Der junge Beck konnte die Hand auf großes Geld legen und kaufte sich einen Sportwagen.*[152] Damit paraphrasierte Johnson den Eröffnungssatz aus *Zwei Ansichten* aus dem Gedächtnis, nur daß er die Initiale ersetzte. Später dann wurde sie durch einen anderen Namen als den aus dem Interview besetzt: Dietbert Ballhausen. Als solcher taucht er in dem *Kleinen Adreßbuch* auf, das Johnson in der Schlußphase der Erarbeitung quasi absegnete. In den *Jahrestagen* hingegen blieb es bei einem Vornamen: *Erinnerst du dich an Dietbert B., den Fotografen, den Weltmann?*

Um das abzuschließen: Die Dusendschön verirrt sich nur indirekt, über die Erinnerung an den Ballhausen, in *Jahrestage* und *Adressbuch*. *Hörte man sie* – gemeint sind beide – *reden, so ging ihnen die Entfernung von der geliebten Person ans Leben. […] Tatsächlich jedoch reichte es ihnen nicht einmal zu einem beliebigen Ort, da zusammen zu leben.*[153]

Ähnlich vorläufig scheint die Beziehung des Schriftstellers zu immerhin einer der Hauptfiguren aus dem zweiten veröffentlichten Roman zu sein. Karin bleibt ohne Nachname; und mag sie auch im Andenken Karschs aufgehoben sein, für Johnson verliert sie sich offenbar am Schluß des Buches. In *Jahrestage* und Johnsons Konkordanz gelangt auch Karin wiederum nur, wie die Dusen(d)schön, als Fußnote zu den Angaben über den Mann; Karsch in diesem Fall. Allerdings ist ihr Nachname im *Adressbuch* durch ein F. angedeutet.

Eine lange Zeit war, wenn Johnson sich dafür überhaupt eignete, im Westen *Das dritte Buch über Achim* Schullesestoff, weil der Roman Aufschluß über DDR-Alltag, die normalen Verhältnisse also, die Lebensumstände und landläufigen Dutzendvorkommnisse, gäbe, dazu noch Aufschluß über Mentalität und Sprachgewohnheiten dort. Ließe man einmal die genauere Bestimmung der vertrackten Erzählerposition außer acht, handelt es sich um ein realitätsgetränktes, handfestes Stück Erzählung. Und weil das Buch einen Geschichtsfaden abspult; neben dem 17. Juni sind Zwangskollektivierung auf dem Lande, die rabiate Aussiedlung aus grenznahen Dörfern und eine Polizeireaktion auf das sittenwidrige «offene» Tanzen bei Fox oder Rock 'n' Roll, die Wahlfarce schließlich episodischer Erzählhintergrund. Karsch und Achim nehmen probeweise die Vereinigung vorweg. Als Charakter interessant, weil nicht berechenbar, aber ist Karin. Vertrauen gewinnt Karin durch Verläßlichkeit, nicht durch Nähe oder Intimität.

Karin ist Schauspielerin. Sie ist beruflich darauf vorbereitet, in Rollen zu schlüpfen, etwas vorzumachen, andere darzustellen, zu imitieren. Täuschung gehört zu ihrem Berufsbild. Kraft der eigenen Vorstellung hat sie immer eine andere zu sein; eine Virtuosin bei Gefahr eigenen Identitätsverlusts. Ein Dasein am Rande der freien Berufe, eine künstlerische Existenz.

Ein Dezennium war die Selbstverwirklichung des Intellektuellen, Pendant zur betonten, sogenannten neuen Subjektivität westdeutscher Romanfiguren während der siebziger Jahre, im Osten das Thema. Nun hat Johnson, auch im Aufspüren dieses Trends ein Vorreiter, eingeräumt, er könne für die Intellektuellen nichts tun, ihre Sorgen könne ihnen niemand nehmen, und eine künstlerische oder intellektuelle Existenz sei *nicht geeignet, [...] einem größeren Kreis vorgetragen* zu werden [154], andererseits mag der Autor mit der Geschichte *Jonas zum Beispiel* und der Figur des Jonas Blach aus den *Mutmassungen* ja auch seinen Teil abgeleistet haben. Über das Jonas-Gleichnis in Johnsons Geschichte hat Awino Kürth eine viel zuwenig beachtete Studie geschrieben.[155]

Beim wiederholten Lesen des *Dritten Buchs über Achim* fällt auf, daß der Autor mit der Vorgeschichte seiner *Beschreibung einer Beschreibung* insgesamt etwas lax umgegangen ist, psychologisch triftige Motivierungen interessierten ihn da offenbar nicht.

Karin und Karsch, der Stabreim verspricht ein Paar. Dann aber fragt man sich, wo die beiden zusammen wohl gewohnt haben in wilder Ehe oder Wohngemeinschaft, gut anderthalb Jahrzehnte, bevor Studenten zusammenzogen und systematisch den Muff von tausend Jahren aus den Talaren ihrer Professoren skandierten. Die Schauspielelevin aus der Provinzstadt sollte ihren Studienplatz, der ein Privileg darstellt wie die Zuzugsgenehmigung für Berlin, und sie weiß das, gefährden durch einen Wohnsitz in einem der Westsektoren? Der Leser erfährt, Karin lebe ein wenig aus der Zeit, *sie kaufte kaum in Westberlin*, noch kaufte sie *ostdeutsche Zeitungen*.[156] Sie und Karsch erinnern sich auch an einen *verjährten Balkon* in Westberlin.[157] Aber bis 1958 gab es im Osten Lebensmittelkarten, und die Karten waren an Adressen gebunden. Wann also haben sie und Karsch dieselbe Küche, dasselbe Bad und denselben Balkon benutzt? Karsch, erfuhr der Leser bei anderer Gelegenheit, war bei Kriegsende Soldat, ein Durchziehender, den der Schleusenwärter Martin Niebuhr auf seinem Dachboden versteckte.

Wie lange dauert so ein Schauspielstudium, wie alt ist sie, wie alt er? Von ihm wissen wir, er steckt in der Midlife-crisis, ist an die vierzig. Karin wird als in heiratsfähigem Alter bezeichnet, an anderer Stelle verlautet, sie sei sieben Jahre jünger als Karsch; dreiunddreißig also? Alles das beläßt Johnson im Vagen.

Aufschlußreich ist Karins Psychogramm für die Denkmuster und Verhaltensweisen der kleineren künstlerischen Talente unter Bedingungen der Diktatur. Karin war *der Anständigkeit müde, die nicht mehr kann und sagt als Nein. Ich bin eine Waise, für mich sorgt keiner. Mir tut niemand die Butter aufs Brot, und ist das nicht das Wenigste?* [158] Ein ehemaliger Kommilitone bestärkt sie in der Auffassung, das Leben müsse weitergehen, auch nach den ersten Verletzungen. Es sei *verbesserbar [...], warum nicht im Scherz?* [159] Mittlerweile Regisseur am Kabarett einer größeren Stadt, holt er sie weg aus ihrem ersten Engagement an einem Stadttheater. Ein frivoles Lied bringt Karin in Mißkredit und den Regisseur über die Grenze, wohin Karin nicht will. Die Staatsmacht reagiert nachtragend, bis eine Filmrolle Karin rehabilitiert. Die Schauspielerin wird so bekannt, daß ihr Fehlen auf längere Sicht aufgefallen wäre. *Das ist nicht viel. Sie begann die Presseberichte zu sammeln wie eine Sicherheit.* [160]

Uwe Johnson gestaltet mit dem Paar Karin – Achim zwei mögliche Einstellungen auf einen unberechenbaren Staat. Während Karin ihr Engagement als ein Bündnis auf Zeit und von Fall zu Fall als widerrufbar betrachtet, hat in Achims Denken eine andere Wirklichkeit als die ostdeutsche keinen Platz; als sie ihn verlassen hat, mutmaßt er, sie müsse in den Westen übergesiedelt sein, so sehr identifiziert er sich mit seinem Land. Ihm genügt es später, an die *zwanzig Rennen während eines Frühjahrs* zu fahren, nichts als mit Routine dabeizusein. Achim verwaltet noch seine Niederlagen auf eine ihm dienliche Weise. *Er mußte nur dabeisein.* [161]

Auf äußere Wahrscheinlichkeit bei den Voraussetzungen für diese Geschichte verzichtete Johnson, er verrechnete sich auch, wie Gerhard Dahne anhand eines Vorwurfs in der nachgereichten Karsch-Geschichte *Eine Reise wegwohin* herausfand. Karsch wirft der Bundesregierung vor, *dreizehn Jahre* hätte sie *nichts für die Wiedervereinigung getan* [162]; wenn die Trizone und die Bundesrepublik nicht gleichgesetzt werden, was bei Johnsons Genauigkeitshang nicht anzunehmen ist, müßte Karsch seinen Abstecher zu Karin in der Tat erst 1962 unternommen haben. [163]

Uwe Johnson muß in einem solchen Maße Symbolfigur für die Plejade der selbstsicheren jüngeren Suhrkamp-Autoren und repräsentativ für die «Gruppe 47» gewesen sein, daß sich Emigranten aus Nazi-Deutschland und Autoren der sogenannten inneren Emigration dauerhaft an ihm rieben. So wie Schroeders Nichtverstehen einem konträren konservativen Literaturkonzept geschuldet ist, so sind Kestens Anschwärzereien Ausdruck anhaltender Ernüchterungen. Anfänglich war der Lektor des Allert de Lange-Verlags noch geschätzter Mentor bei den Gruppentagungen, bis mit der Generation der Walser, Grass, Enzensberger ein neuer Ton und ein anderes Selbstverständnis vom Bild des Schriftstellers aufkamen. Als Karlheinz Deschner am Beispiel des *Dritten Buchs über Achim* zur Generalabrechnung mit dem «Idiotendeutsch» dieses Johnson schritt, konnte er sich des Beifalls eines Hermann Kesten und eines

Am Bodensee 1963: Hans Magnus Enzensberger, Siegfried Unseld, Karl Markus Michel, Walter Boehlich, Martin Walser, Uwe Johnson

Ernst Kreuder, auch der Zustimmung Robert Neumanns sicher sein. Deschner listete schulmeisterlich alle Präpositionen auf, die seinem Empfinden nach falsche Bezüge herstellen oder aber dem Manieristen Johnson geschuldet sind, im gleichen Atemzug rügte er Banalität und Verhaltenheit der Sätze und der literarischen Bilder. Immer wieder kam er auf Honorare und Preise des, wie sich ihm das darstellte, Hochgelobten zu sprechen, um dann eindeutig gegen den Mann aus einer anderen Lebenssphäre – den «barbaroglottischen Pommer»[164] – kehrtzumachen. Mit Johnson, «bekanntlich dem Osten entsprungen», sah er den «Einbruch des Proletentums in die Literatur» gegeben.[165]

Schwierigkeiten mit dem Vorfindbaren

Als die sechziger Jahre Tritt gefaßt hatten, verlagerte sich der Schwerpunkt des Literarischen vom Buch auf die Bühne und von der Erfindung zur Entdeckung des Vorfindbaren. Peter Weiss' mehrbödiges Historiendrama über Jean-Paul Marat mit dem barocken Titel und Heinar Kipphardts Zugriff auf die Vernehmungsprotokolle des Atomphysikers J. Robert Oppenheimer vor einem amerikanischen Unbedenklichkeitsausschuß wurden beide 1964 uraufgeführt und gleich vielerorts nachgespielt. Bei Weiss reichte das Bemühen, «Gruppen, Kraftfelder, Tendenzen»[166] auf die Bühne zu bringen, bis zu seinem «Trotzki»-Stück im Jahr 1970. Kipphardt schloß mit einem Schauspiel über den Schacher um die ungarischen Juden 1965 unmittelbar an seinen Erfolg an und hielt bis in das Jahr 1982 («Bruder Eichmann») an seiner Methode fest. Kipphardt bezeichnete, nebenbei gesagt, seine Rückkehr in den Westen wie Johnson stets nur als «Übersiedlung», als *Umzug*.

Martin Walser, ein fulminanter Erzähler, gab auf seine Weise dem verbreiteten Unbehagen an den Aussagemöglichkeiten des Erfundenen Ausdruck, indem er die «Bottroper Protokolle» der Erika Runge mit einem Vorwort absegnete. Er düpierte die Leser seiner ausufernden «Kristlein»-Suaden durch die Kurzromane «Fiktion» (1970) und «Gallistl'sche Krankheit» (1972). Johnson, mißtrauisch gegenüber der eigenen frei fabulierenden Phantasie, hatte seinen Erfindungen von Anfang an ein Gerüst aus historischen Daten und belegbaren Ereignissen neben glaubhaften Verhaltensweisen unterlegt, dessen Felder er mit penibel recherchierten Details ausfüllte. Das einem Germanisten zweifelhaft vorkommende Tun legte er für einen Moment offen, als er einem Gesprächspartner eingestand, er *dokumentiere die Gegenstände*, die er in seinen *Büchern vortrage, indem* er sie *aufsuche (damit die Geschichte auch in dieser Beziehung einiges an Wahrheit* aufweise).[167] Und scharf grenzte er sich immer wieder gegen den Vorwurf des puren Zitats, gegen Montage- und Collageverdacht als die ihm nicht gemäßen Techniken ab.[168] Freilich hat auch Johnson seinen Tribut an die Modeströmung der sechziger Jahre entrichtet, und zwar sehr direkt.

Gleich nach dem Mauerbau begann er, Fluchthelfer, die man auf östlicher Seite «Menschenhändler» nannte und als solche drakonisch verurteilte, zu befragen, aber die Bänder seiner *Geschichte der Städte Berlin seit dem August 1961*[169] wollten sich ihm nicht zu einem dokumentarischen Roman fügen. Johnson hat die Erfahrung, daß die Wirklichkeit, der er sehr dicht auf der Spur war, sich ihm entzog, also wiederholt machen müssen, nicht erst mit dem «Prager Frühling» des Jahres 1968. Das Buchprojekt *Das ostdeutsche Jahr 1966*[170], das Johnson seinem Verleger als Ausweichvorhaben angeboten hatte, kam sogar über das Stadium der Verlagsvereinbarung nicht hinaus. Es scheiterte an allerbanalsten äußeren Gründen: Johnson hatte eine Bestell-Liste mit Titeln ostdeutscher Presseerzeugnisse von der Tageszeitung bis zum Akademie-Periodikum zusammengestellt, mußte sich aber belehren lassen, Westberlin werde von den Zeitungsverlagen regionaler Blätter, die ja durch die Bank parteieigene Verlage waren, nicht beliefert.

Uwe Johnsons Interesse an der Girrmann-Gruppe («Unternehmen Reisebüro») war kein rein berufliches gewesen. Auf dieselbe Weise, wie die Krankenschwester D. die DDR verläßt, reiste die spätere Frau Uwe Johnsons, Elisabeth Schmidt, illegal aus: Von Ostberlin über Dänemark nach Westberlin. Auch Freunde aus dem Leipziger Kreis gaben Wohnung und Stellung in Ostberlin auf, als der Mauerbau sie von nahen Verwandten zu trennen drohte.[171] Die idealistisch gesonnenen studentischen Schleuser nun, die sich zum Selbstkostenpreis ihrer Unternehmungen gefährdeten, wurden bald abgelöst durch kommerzialisierte Fluchthilfe, an der kräftig verdient wurde. Die Grenzorgane der DDR wechselten die Modi von Aus- und Einreise so unvorhersehbar, daß man sich nicht bis ins letzte vorbereiten und auf keinen Trick verlassen konnte. Die Amateurschleuser waren dem nicht gewachsen, es war nur eine Frage der Zeit, wann die konspirativen Kreise aufflogen.

1964 wurde das erste Passierscheinabkommen ausgehandelt, das die Härten der Trennung vorübergehend vergessen ließ. Als Chruschtschow seine Pläne, Raketenbasen auf Kuba zu errichten, aufgeben sollte, hatte er noch einmal mit einer Einschnürung Westberlins gedroht; dort jedoch rückte an die Stelle eines übergreifenden Feindbildes und der einigenden Furcht vor akuter Bedrohung spätestens mit dem sich formierenden SDS und den Studentenkrawallen nach Benno Ohnesorgs Tod Anfang Juni 1967 die innergesellschaftliche Auseinandersetzung. An Willy Brandts Stelle als Regierender Bürgermeister war Klaus Schütz getreten.

Die «Gruppe 47» kam das letzte Mal zu Lesungen zusammen, den politisierenden Studenten schien die Literatur nur Mittel zum außerliterarischen Zweck und folglich nichts als ein Umweg zu sein; die Nachkriegsphase ging endgültig zu Ende.

Uwe Johnson besaß bald nach der Übersiedlung einen bundesdeutschen Paß, der ihn zur Entgegennahme von Passierscheinen berechtigte, während die Berliner vorerst ausgeschlossen blieben von der Regelung;

Als Stipendiat in der Villa Massimo in Rom, 1962.
Der Schriftsteller Tankred Dorst, der Bildhauer Rolf Szymanski,
der Maler Johann Georg Geyger (v. l.), davor Uwe Johnson

sein Augenmerk blieb nicht allein auf «diese Stadt», wie es einst
während der Blockade pathetisch geheißen hatte, gerichtet, er fuhr nach
Westdeutschland, nach Italien, nahm 1962 seinen Stipendienaufenthalt
in der Villa Massimo in Rom wahr, den ihm der Sprecher der CDU-Bun-
destagsfraktion und Außenminister Heinrich von Brentano nach Kestens Verdächtigungen absprechen wollte. Massimo-Gäste waren gleichzeitig mit Johnson der Bildhauer Rolf Szymanski und der Dramatiker
Tankred Dorst. Den einen porträtierte Johnson später; in Dorsts Film
über den Mörder August Kotzebues, Karl Ludwig Sand, spielte Johnson
in einer Nebenrolle einen evangelischen Pfarrer.

Das Jahr, in dem ein dann vielberedetes Buch erscheint, kann für den
Autor, der längst bei etwas Neuem angekommen ist oder einen Neuan-
satz sucht, eine quälende Zeit sein, zumal wenn Lesereisen auf das Ab-
geschlossene zurückverweisen. Und Johnson reiste eigentlich in jedem
Jahr durch die Bundesrepublik, die Liste seiner Einladungen abzuarbei-
ten. Dieses «Vorsingen», manche nennen es auch «Tingeln», bot die
Chance sicher verdienten Geldes, brachte aber auch Einbußen an Zeit
und Selbstachtung mit sich. Wenn so recht Neues nicht gelingen wollte,
nutzte Johnson die Phasen des Übergangs immer auch zu Nebenarbeiten, die nicht unbedingt Verlegenheitsarbeiten darstellen müssen. Er

übersetzte John Knowles Roman «A Separate Peace», der 1963, auf Hemingway anspielend, unter dem deutschen Titel «In diesem Land» herauskam; er stellte sich am 4. Juni 1964 für das halbe Jahr, in dem er dem «Tagesspiegel» Fernsehkritiken zum Adlershofer Programm verfaßte (postum unter dem Titel *Der 5. Kanal* erschienen, 4. Juni bis 3. Dezember 1964), ein Leihgerät in die Stube, er veröffentlichte vorab die S-Bahn-Studien, die im Nebeneffekt Überlegungen zur Poetik darstellen. Als er das Berlin-Projekt begrub, sollte wenigstens ein Bändchen *Berliner Stadtbahn und andere Prosa* Gültiges zusammenfassen, aber der Plan zerschlug sich in vorübergehender Verstimmung mit dem Verleger. Erst als Johnson erneut in die Krise geraten war ein Jahrzehnt später und er die Arbeit an den *Jahrestagen* hinauszögern und abbrechen mußte, gelangten die Aufsätze und ein paar Gedichte als *Berliner Sachen* an die Öffentlichkeit. Übrigens hieß ein Mitbegründer des «Tagesspiegel» Walther Karsch, das Wort «karsch» bedeutet im Niederdeutschen aber auch «adrett» und «agil», Eigenschaften, die auf Karsch, den pomadigen Journalisten, nicht zutreffen. Eigentlich kann man herausgreifen aus dem Johnsonschen Erzählkosmos, was man will, fast immer stößt der Nachfragende auf Mehrfachbesetzungen. Allegorisches nämlich strebte Johnson nicht an, zu keiner Zeit.

Im Garten von Hans Werner Richter, Berlin im Juli 1965

Fünfzehn Jahre, von einem August bis zum anderen

Die Tschechen apostrophierten ihr Land immer gern als eines «im Herzen Europas». Diese zentrale Lage, aber auch das Beispiel eines im Jahr 1968 zügig demokratisierten Sozialismus mußten Einspruch und Eingreifen der benachbarten sozialistischen Paktstaaten hervorrufen. Nicht nur in Westberlin, in größeren westdeutschen Universitätsstädten und in Paris wurde dieses Jahr zum Jahr studentischer Unruhen, auch in einigen osteuropäischen Ländern revoltierte augenfällig vorerst nur die akademische Jugend. In Prag hatten junge Leute brennende Fässer den Berg des Hradschin herunterrollen lassen. In Warschau wurden Studenten relegiert, weil sie «politische Skandale» organisiert und «verlogene [...] Meldungen an antipolnische Propagandazentren» übermittelt hatten, wie es in der Sprache der Nachrichtenagenturen des Ostblocks so umständlich wie ominös hieß.[172]

Die Zeitungen vom 21. März 1968 sprachen von «antisowjetischen Individuen». Aber Władysław Gomułkas Position an der Spitze blieb so unangefochten wie die Walter Ulbrichts in Ostberlin. Daß es sich bei den Tschechen um mehr als studentische oder publizistische Vorstöße gehandelt haben mußte, sah man am Umbau des Führungsapparates. Antonín Novotný verlor seine Ämter; an die Parteispitze trat der reformwillige Alexander Dubček, während die Einsetzung des Armeegenerals Ludvík Svoboda in das repräsentative Amt des Staatspräsidenten schon ein Zugeständnis an die Russen darstellte. Die Partei machte erste Ansätze, sich aus Regierungsgeschäften und Wirtschaft zurückzuziehen, bürgerliche Freiheiten sollten das politische Desinteresse aufbrechen zugunsten aktiver Teilnahme an gesellschaftlichen Entwicklungsprozessen. Eine Rehabilitierungskampagne ließ Spekulationen über den Tod des Außenministers Jan Masaryk zu, und wenn die «Literaturni Listy»[173] den nach Zusammenbruch des ungarischen Aufstands hingerichteten Imre Nagy als «ausgeprägte[n] Repräsentant[en] des demokratischen und nationalen Prinzips im Sozialismus» hinstellte, so war damit dem Recht auf einen nationalen Sonderweg das Wort geredet. Zunehmend nervös, luden die Russen die tschechischen Kommunisten in Dresden, Moskau, Čierna nad Tisou, Warschau und Bratislava an den Beratungstisch, aber die Tschechen reagierten schweyksch und blieben den Beratungen fern, auf denen es anfangs noch nur um Austausch von «Informationen und Ansichten» gehen sollte. Die Gipfeltreffen wurden publizistisch flankiert, aber auch von den Drohgebärden einer in Prag auftauchenden Militärdelegation und einer ins Auge gefaßten Kommandostabsübung des Warschauer Paktes begleitet.

Einmal in Gang gekommen, ließen sich Grenzen für das Diskutable nicht abstecken, die Intellektuellen erörterten die Vorteile von wirtschaftlicher Westbindung und «aktiver Neutralität» (Alexander Kliment), die Schriftsteller Václav Cerny, Václav Havel, Jan Procházka und Ivan Sviták forderten die Zulassung einer sozialdemokratischen Partei; aber erst die Forderung nach Auflösung der kampfgruppenartigen Volksmilizen, einem Ersatzheer von etwa 100 000 Mann, brachte das Faß zum Überlaufen.

Daß, nach den Russen, den Ostdeutschen als den am stärksten von Isolation Bedrohten die tschechische Richtung nicht paßte, macht die überraschende Wendung im Kommuniqué des Dresdener Treffens deutlich, man würde die DDR «entschieden […] unterstützen». Das Problem von wissenschaftlich-technischen Anforderungen und der Starre altbackener Parteiprogramme und Planvorgaben war aber auch ein allgemeines; Ulbrichts junger Mann, Erich Honecker, ließ sich am 11. Juni 1968 gegen das Schreckgespenst Konvergenztheorie aus. Die Konvergenztheorie besagte, das technische Know-how moderner Industriestaaten bringe jenseits der alten Klassenkonstellation neue Produktionsbedingungen und Verhaltensweisen hervor, die, unabhängig vom Eigentum an Produktionsmitteln, in Ost und West gleich ausfielen. Dies bestritten die Kommunisten verständlicherweise entschieden.

Dann, mit der militärischen Lösung, lief vieles ab wie gehabt: Daß der amerikanische Spezialist für Ostfragen, Zbigniew Brzezinski, am 14. Juni im Institut für Internationale Politik zu Prag einen Vortrag hielt, daß Bundesbankpräsident Karl Blessing einen Privatbesuch in die Goldene Stadt unternahm, mußten als kläglicher Beweis für «konterrevolutionäre Umtriebe» herhalten. Nach Abbruch des Versuchs blieben auch die Verunglimpfungen nicht aus: Jaroslav Brodski, Leiter des Klubs 231, wurde als «Kollaborateur der Nazis» tituliert, dem Außenminister Jiři Hajek wurden noch seine friedensstiftenden Bemühungen in Nahost als Kontakte zum «israelischen Aggressor» vorgeworfen. Die Reformgegner lösten die Führung von Fernseh- und Rundfunk und der Nachrichtenagentur ČTK ab, noch ehe die Säuberung in der Partei begann. Selbst Svoboda mußte dem Slovaken Gustáv Husák weichen.

Alles das hat Johnson verfolgen und sich ausmalen können, als er sich entschloß, ein Buch wie die *Jahrestage* auf das Datum des 20. August 1968 zulaufen zu lassen, den Tag des Einmarsches der Warschauer-Pakt-Truppen in Prag. Es war sichtbar oder in Verlauf und Konsequenzen erahnbar.

«Vor Bauer Niemanns Dreiständerhaus hingen drei Leinen Wäsche, vier malende Leute nebeneinander malten das ab.» («Jahrestage», S. 1494) Das Bild vor Augen, den Satz lesend, ließ man sich gerne bestätigen, daß der «Ahrenshoop»-Band aus dem Petermänken-Verlag, Schwerin 1963, sich in Johnsons Arbeitsbibliothek befand.

Die Stoßrichtung war beabsichtigt, Johnson hatte der Story die tschechische Farbe von Anfang an beigemengt. Die treuherzige Behauptung, in New York sei ihm Gesine Cresspahl, die Gesine aus den *Mutmassungen*, über den Weg gelaufen, diente bestenfalls dazu, dem Schauplatz die Exklusivität des Außergewöhnlichen zu nehmen und das Geschehen plausibel zu machen. Auch schützten derlei Stereotype den Autor vor Interpretation der eigenen Arbeit, auf die die Interviewer hinlenkten. Es hätte ein *beliebiger Tag im August* 1967 sein können[174], sagt er, und: *An jenem Sonntag waren wir am Atlantik – ich hielt das für einen guten Anfang*, und: *Ich kann Sie nur bitten mir zu glauben, daß es Zufall war.*[175] Dabei blieb er, variierte es dann, wie immer, wenn er sich hinter Behauptungen verbarg: *Im August 1967 war ich an der See, am Abend* dieses *Tages sagte ich mir, warum denn nicht jetzt anfangen.*[176] Der 20. August 1968 ist das Datum, an dem der Telefonanschluß NY 749-28 57 abgeklemmt wurde, aber diese Einzelheit konnte ihm bei einem Schreibbeginn im Januar 1967 nicht gegenwärtig sein; das zweite Amerikajahr Johnsons war ein erst später ausgehandelter Aufenthalt. Schließlich bietet Johnsons Biograph auch noch den Tag der Rückkehr aus den USA 1965[177] an; aber alle diese Erklärungen übergehen, daß das tschechische Thema dem Roman als grundlegend eingeschrieben ist. Ohne den Stachel des übergreifend Aktuellen und zugleich Weltanschaulichen wäre ein bestenfalls korrespondierendes Nebeneinanderherlaufen von historisch gewichtigem und privatem Faktum herausgekommen, wie es das Fragment *Versuch, einen Vater zu finden* kennzeichnet. Akribische Recherchen Norbert Mecklenburgs belegen jetzt, was auch vorher schon zu vermuten stand: Der *Versuch, einen Vater zu finden*, ist v o r den *Jahrestagen* entstanden; das streckenweise mit dem *Versuch* identische Fragment *Heute Neunzig Jahr* ist zwar unmittelbar nach Abschluß des vierten Bandes der *Jahrestage* zusammengestellt worden, aber eben als Rückgriff auf Vorhandenes, wie die *Babendererde*, wie die *Mutmassungen* auch schon. «Obwohl die ersten drei Bände von *Jahrestage* bis 1973 fertiggestellt wurden, die beiden Typoskripte zu *Versuch, einen Vater zu finden* dagegen erst 1975 entstanden sind, liegt in *Jahrestage* die spätere, in *Heute neunzig Jahr* die frühere Version des gleichen Erzählstoffes vor.»[178] Drei Arbeitsphasen lassen sich unterscheiden: eine des Herumprobierens (1963–1969), die produktive, sich mit dem Fortgang der Niederschrift allerdings erschöpfende Hauptphase (1970–1975), die in der Katastrophe endet, und dann die durch den zähen Willen geprägte, das Begonnene entgegen aller Wahrscheinlichkeit doch noch zu einem glücklichen Ende zu bringen. Sie setzt gleich mit dem Jahr nach der Krise ein und dauert bis 1983; da Johnson ein neues Unternehmen mit demselben Personenbestand rasch folgen lassen wollte, kann sie sogar bis 1984 angesetzt werden, was Mecklenburg auch tut.[179]

Unter den Hilfsmitteln, die Johnson sich für seine Zwecke angelegt hatte, befinden sich dreizehn Ordner mit Ausschnitten aus der «New York Times», «zwölf Konvolute in chronikalischer Ordnung»[180], der ab-

Arbeitsmittel für Uwe Johnson waren immer Zeitungsausschnitte, Nachschlagewerke und Fotos.

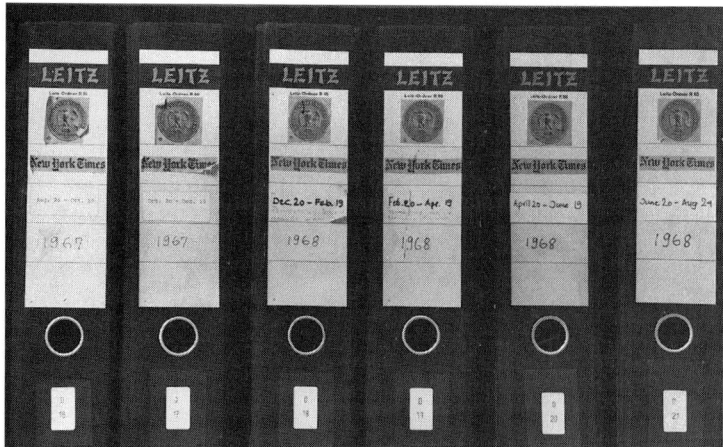

schließende dreizehnte versammelt thematische Schwerpunkte in Übersichten und Standarddarstellungen. Die laufenden Ereignisse umgreifen nun einen Zeitraum vom 5. Juli 1966, setzen also bald nach Johnsons Arbeitsbeginn ein, bis zum 29. August 1968. Genauere Auskunft über das Gestaltwerden des neuen Schreibvorhabens gäben gewiß Johnsons Anfragen bei Friedrich Schult und seinem Latein- und Englischlehrer Wilhelm Müller aus Güstrow. Johnsons Gewährsmann Wilhelm Müller war wie Cresspahl in Malchow am See geboren worden, aber 1886, zwei Jahre vor Cresspahl, für dessen erstes Auftreten sich das Dreikaiserjahr gut machte. Soviel Entscheidungsfreiheit muß sich ein Autor vorbehalten.

Schließlich läßt auch Johnson selbst in der Frage, ob die Festlegung auf den Beginn am 20. August 1967 Zufall oder Kalkül war, einmal alle Versteckspielereien, nämlich als er den Spieß umdrehte und in seiner Poetikvorlesung den Verdacht äußerte, man habe ihn von dem tschechischen Thema abbringen wollen: Mißlingen werde der *Versuch, das Unternehmen ‹Jahrestage› wegzuführen von einem Schluß am 20. August in Prag.*[181]

Vielleicht ist die Unterscheidung in den *Entschluß zur Niederschrift* und den *spätere[n] Zeitpunkt des Aufschreibens*[182] sinnvoll, die Johnson für Max Frischs «Montauk» traf. Als Schreibbeginn wird das Datum vom 29. Januar 1968 gehandelt, Johnson sagte, er habe auf den Anfang *fünf Monate lang gewartet*[183], kontinuierlich zu schreiben hat er aber *erst im Herbst 1969* begonnen[184]. Während er den Erstling viermal zu überarbeiten nötig hielt, hat er eigenen Aussagen zufolge die drei frühen Romane erst niedergeschrieben, nachdem er sich alle Details im Kopf zurechtgelegt hatte, ganz so, wie er das Horst Bienek in einem Werkstattgespräch 1962 darlegte. Es sei dahingestellt, ob das so zutrifft, bei der Großform ging das nicht mehr. Die *Jahrestage* wuchsen sich derartig aus, daß Johnson sich über die tatsächlichen Ausmaße des Ganzen selbst nach Erscheinen der ersten Lieferungen nicht im klaren war. Johnson hatte so gerechnet: *Ich dachte mir: am Dienstag schreibst du ein Kapitel über den Montag, am Mittwoch eines über den Dienstag.*[185] Noch 1971 veranschlagt er das Unternehmen auf 700 Seiten.[186] Die ersten Kapitel haben tatsächlich den Umfang eines Tagespensums, einmal zwei, dann drei Seiten, fünf maximal. Dann aber forderten Stoff und Figuren ihr Recht. *Als das 365. Kapitel an der Reihe gewesen wäre, hatte ich bestenfalls 20 geschrieben*[187], sagte Johnson bei einem Vortrag in München 1974, ein Jahr, nachdem die dritte Lieferung erschienen war; und im Jahr, bevor er die Arbeit an der Epopöe unterbrechen mußte, räumte er ein, ein vierter Band werde sich wohl erforderlich machen.

Als die «Gruppe 47» im April 1966 auf Einladung des German Department auf dem Universitätscampus von Princeton mehr Autoren denn je zu einer Frühjahrstagung versammelte, fuhr Johnson zum drittenmal nach Amerika. Schon zweimal hatte er die USA bereist, 1961 und 1965, und

Während der Tagung der «Gruppe 47» in Princeton, USA 1966: (erste Reihe v. l.) Hildegard Hamm-Brücher, Elsbeth und Kurt Heuser, Toni und Hans Werner Richter, (zweite Reihe v.l.) Bernhard Blume, Hans Mayer, Dieter E. Zimmer, Uwe Johnson

beide Aufenthalte waren ihm gut bekommen. Im Frühjahr 1961 gab der Wahlberliner mit seinem Text *Berliner Stadtbahn* in Detroit und Cambridge Auskunft über das Augenscheinliche und über verborgene Zusammenhänge jüngster deutscher Geschichte am Beispiel des effizientesten Berliner Verkehrsmittels. Zugleich durchzogen den Text poetologische Erwägungen, so daß man ihn und die *Vorschläge zur Prüfung eines Romans* (1975) als Johnsons Grundsatzäußerungen zum Schreiben nicht übergehen kann. Johnson war bis in den Süden, bis zu William Faulkner, vorgedrungen und hatte seinem Schriftstellerfavoriten in dessen letztem Lebensjahr noch seine Aufwartung machen können, wenn die Begegnung auch enttäuschend verlief. Selbst die Übersetzung von John Knowles' Roman «In diesem Land» war quasi eine Einstimmung auf Amerika; 1965 begleitete Johnson Günter Grass zur Entgegennahme eines Doktors honoris causa und auf eine Lesereise, las auch selber. Etwas sarkastisch reagierte der im Verhältnis zum geistigen Vater des Oskar Matzerath unbekannte Johnson auf Fragen nach der eigenen Person, indem er sich als Grassens Fotograf ausgab. Aber, Gewinn dieser Reise, Johnson lernte die amerikanische Verlegerin Helen Wolff kennen, eine gebürtige Ungarin, die ihr verlegerisches Handwerk bei Kurt Wolff in Leipzig gelernt, diesen geheiratet hatte und mit ihm emigriert war und in der Verlagsgruppe Har-

court, Brace & Jovanovich eine Buchreihe mit Literaturübersetzungen unter eigenem Namen herausgab. Johnson war unzufrieden mit der Grove Press, die seine *Mutmassungen* in Amerika veröffentlicht und *Das dritte Buch über Achim* unter Vertrag hatte. Helen Wolff übernahm seinen zweiten Roman und machte sich zusammen mit dem Autor an die Überarbeitung der Übersetzung; auch die *Zwei Ansichten* erschienen als «A Helen and Kurt Wolff Book». Sie hatte einen Blick für die Nöte des in Deutschland auf die deutsch-deutsche Problematik Festgelegten. Johnson hätte an einem College wohl eine Stelle als Lehrer für kreatives Schreiben gefunden, aber er bezweifelte, ob schriftstellerisches Handwerk lehrbar sei. Helen Wolff bot ihm jedoch eine Lektorenstelle bei Harcourt, Brace & World an mit dem konkreten Auftrag, ein Lesebuch für Deutschlernende in den beiden oberen Klassenstufen zusammenzustellen.

Zwei Verleger: Helen Wolff und Siegfried Unseld, Princeton 1966

Im Februar 1966 hatte Johnson sich brieflich mit der Bitte um Vermittlung an Helen Wolff gewandt, sich auch mit ihr in Berlin getroffen. Die Gruppenschelte, die ein Tagungsneuling, Peter Handke, in Princeton wegen vermeintlicher Beschreibungsimpotenz an die mittlere deutsche Autorengeneration richtete, hätte Johnson sehr wohl wegen der *Beschreibung einer Beschreibung* auf sich beziehen können, aber dies berührte ihn sowenig wie das Lesefieber, unter dem die Schriftsteller nach dem 24. April ins Land ausschwärmten. Johnson war mit Behördengängen und Wohnungssuche befaßt. Im Mai war die Wohnung Riverside Drive 243, Apartment 204,

New York,
Riverside Drive
243, Gesines
und Maries
Adresse

N. Y. 10025 bereit, die dreiköpfige Familie Johnson aufzunehmen. Bei einer Abschlußveranstaltung der «Gruppe 47» in der Alexander Hall hatte Johnson seinen künftigen Brotgeber William Jovanovich auf der Bühne agieren sehen; am 1. Juni trat er seine Arbeitsstelle an.

Johnson wählte Erzählungen von Andersch, Bichsel, Böll, Borchert, Frisch, Hildesheimer, Koeppen, Siegfried Lenz, Lettau, Piontek, Schnurre und Walser und Gedichte von Bachmann, Eich, Enzensberger und Rühmkorf aus. Auch Grass mußte er, des überstrengen Purismus der Schulbehörden und der Eltern seiner potentiellen Leser wegen, als Lyriker vorstellen. Aus der DDR lud er Bobrowski, Fühmann, Hermlin zur Teilnahme ein, und aus Briefen Fühmanns wissen wir, wie genau er sich für Anmerkungen und Lesekommentare kundig machte, und wie unwirsch ihm manchmal geantwortet wurde.[188]

Auch in Deutschland wechselte für ihn die Arbeit des originären Schriftstellers seit jeher mit der eines Herausgebers, Lektors oder Übersetzers, insofern bedeuteten die finanziell abgesicherten Monate keinen Zeitverlust für den Schriftsteller. Im Gegensatz zum Gros der Autoren leugnete er seine germanistische Ausbildung keinen Moment, und er bedauerte sie auch nicht. Als er Texte und Anmerkungen für das Lesebuch *Das neue Fenster* beisammen hatte, finanzierte die Rockefeller Foundation auf Vermittlung Helen Wolffs das zweite amerikanische Jahr.

Das Verlangen, zu deutschen und Westberliner Verhältnissen Abstand zu gewinnen, wurde gestillt im New Yorker Berufsleben und in der Anonymität der riesigen fremden Stadt. In den Gesprächen mit Wilhelm J. Schwarz zählte Johnson die Gründe auf, warum er sich auch wohl fühlte in New York: *Das Leben war leicht, ich verdiente genug Geld, außerdem genoß ich alle Privilegien der Weissen. Das bedeutet unter anderem, daß ich eine Wohnung hatte, wie ich sie mir wünsche, daß unsere Tochter in einen guten Kindergarten ging.* Weiterhin *das Bewußtsein, zu Gast im Lande zu sein. Man war der [...] ethnischen Probleme enthoben, man war nicht mitschuldig*[189], nicht an den Rassenkonflikten und nicht am Vietnamkrieg. Was hinter diesen Sätzen steht, veranschaulichte der Anfang eines Quasi-Nachworts, das Johnson unter dem Titel *Mit den Augen Cresspahls* an das Ende des 2. Bandes setzte. Der Mann, dem *die Fremde [...] immer gutgetan* hatte[190], sagt, er *begreife sich nicht als «Deutscher».* Die anderen seien *«de Dütschen»*, und er *habe keine Lust, für die verantwortlich zu sein, weder für ihre Weltkriege noch für ihr Bild in der Welt. Kein Mal sei er von den Deutschen gefragt worden wegen der Gesetze, die sie über ihn verhängten.* Und dann folgt der Hinweis auf die Staatsbürgerschaft als ein Verhältnis auf Widerruf, wie Johnson es in seinem *Versuch, eine Mentalität zu erklären*, begründete und wie Karin es im *Dritten Buch über Achim* praktizierte: *Er habe sich genötigt und frei gesehen, von Mal zu Mal selbst und für sich selbst zu entscheiden.*[191]

Zu dem erhofften Gewinn der zwei gesicherten Amerika-Jahre in der Anonymität des Schmelztiegels New York kam unversehens das Geschenk eines Einfalls. Umrisse eines möglichen neuen Buches waren auszumachen. Mehr wird es am Anfang nicht gewesen sein. Mecklenburg hat herausgefunden, Johnson habe sich von seinem tabellarischen Ausgangspunkt abgestoßen, hat sich vom Faktischen hin zu freierem Formulieren und Fabulieren bewegt.[192] Das liegt in der Logik der Sache.

Während das Ausland selbst in der erzählenden Prosa eines Frisch und Koeppen, später eines Muschg bestenfalls exotischer Handlungsort wird oder Reiseschauplatz bleibt, bot sich Johnson die Chance, Alltag und Berufsleben in einem fremden Kontinent von Grund auf kennenzulernen. Helen Wolff hatte ihm geraten, statt des Ost-West-Konfliktes an der

Nahtstelle in Deutschland einmal alte und neue Welt, zwei unterschiedliche Kulturkreise, miteinander zu konfrontieren. Gesine Cresspahl, durch ihre Arbeit bei der NATO schon in die Nähe der Amerikaner geraten, andererseits noch frei von allzu starken Festlegungen in den *Mutmassungen*, bot sich für ein Überwechseln in die Staaten aus beruflichen Gründen an. Johnson sollte es im Prozeß des Schreibens gelingen, sie mit einem solchen Reichtum von Eigenschaften auszustatten, daß sie nicht Gefahr lief, lediglich Medium für ein unmittelbares Sich-Aussprechen des Autors zu sein – trotz der Tagebuchnähe der Konstruktion – noch Abklatsch einer lebenden Person aus der Realität zu werden; *eher «composites» als Abbilder von lebenden Menschen* seien seine Gestalten, konnte Johnson mit einiger Berechtigung sagen [193], und Gesine Cresspahl wurde es ganz besonders. Die Germanisten Reinhard Baumgart und Uwe Neumann meinen dasselbe, wenn sie hervorheben, statt auf «Verhaltens- und Eigenschaftsmodelle» reduziert zu sein, bestehe das Johnsonsche Personal noch aus «Charakteren» [194]. Gesine erhielt eine Statur, die sie, wie alle großen literarischen Gestalten der Weltliteratur, zu einer realen Größe machte, mit der der Leser umzugehen vermag, auch nach Beendigung der Lektüre. Wenn in der allgemeinen Johnson-Renaissance nach 1989 Leser in mittlerem Lebensalter nach Güstrow und in den Klützer Winkel wallfahrten, um «Gesines» Landschaft aufzusuchen, und hochbefriedigt auf Relikte wie aus den fünfziger Jahren stießen, wenn sie andererseits aber auch schon Zeichen des Umbruchs wahrnahmen, eine Annäherung an ihnen vertraute Standards, gleichfalls voller Genugtuung, dann wohnt dieser Verkennung des Realen ein komischer Zug inne. Derlei Spurensucher finden zweifellos, worauf sie aus sind. Aber das Aufsuchen von literarischen Schauplätzen in den Zufällen einer zergliederten Wirklichkeit bestätigt ja auch die Plastizität der Figuren; wo Phantasie waltete und Papier ist, vermutet man gelebte Existenz. Insofern ist das Mißverständnis produktiv.

Die ersten beiden Bände der *Jahrestage* erschienen in rascher Folge 1970 und 1971, für den dritten mußte der Verlag schon ein Jahr überschlagen, und dann kam die zehnjährige Pause, der große Einbruch, von dem in Interviews aus dem Jahr 1975, als Johnson einräumte, eine vierte *Lieferung* mache sich notwendig, noch nichts zu spüren war.

Am 17. April 1983 schloß er das Mammutwerk wider Erwarten ab. Als er im Herbst auf Lesetournee durch Deutschland ging, sprach Johnson einführend nicht nur über den aktuellen Band, auch wenn er zumeist die Weserich-Episode las. Er war sich wohl bewußt, daß in den Hörsälen und Buchhandlungen der Universitätsstädte eine neue Generation von Zuhörern saß, und stellte quasi das ganze Unternehmen *Jahrestage* vor. Johnson konnte mit Fabel und *Personen* umgehen, wie sich das kein Literaturwissenschaftler trauen dürfte. Diese Einführungen, frei vorgetragen, sind Variationen dessen, was Johnson sich für diesen Zweck zu-

Mit Horst Krüger in Berlin, Mai 1972

rechtgelegt haben mag, und wenn man heimliche Mitschnitte heute hört, dann erstaunt die Fülle geradezu prophetischer Anspielungen, die, nach der Vereinigung der beiden deutschen Staaten, auf eine neue Weise Aktualität gewonnen haben. Am 10. November 1983 las er in Tübingen. Er sagte: *Dieses Buch Jahrestage versucht zwei Seiten von Lebensbeschreibung. Die eine deutet das Wort Jahrestage etwas gewaltsam aus und macht daraus 365 – oder wenn's ein Schaltjahr war – 366 Tage; und zwar in einer Gegenwart in den Jahren 1967/68 von einem August bis zum andern. Das sind Tage im Leben einer Person namens Gesine Cresspahl, 34 Jahre alt, in New York ansässig als Übersetzerin für eine Bank, Angestellte bei einer Bank. Wichtiger aber in ihrem Leben ist, daß sie zu jener Zeit ein Kind von zehn bis elf Jahren zu versorgen hat, eine Tochter namens Marie. Die ist zwar geboren in Düsseldorf, aber hat die Stadt New York angenommen als eine Heimat und ist regelmäßig etwas betreten, wenn herauskommt, daß sie ja doch in Westdeutschland geboren ist und nicht in den USA selbst. Die möchte gern eine Bürgerin sein und glaubt, daß sie zurechtkommt mit der Stadt New York. So ein Kind muß man dann allerdings beschützen. Das ist die eine Hauptaufgabe dieser Gesine Cresspahl. Auf dieser Ebene des Buches wird der Alltag vorgeführt, also wie man mit Chefs umgeht, wie man Kollegen behandelt, wie man Einbrüche in die Wohnung übersteht und überhaupt alles, was einem auf den Straßen und auf Fähren und in der Untergrundbahn von New York passieren kann. Beruflich ist dies ein besonderes Jahr. Diese Angestellte Cresspahl soll nach dem Einfall eines ihrer Chefs eine Anleihe für ein osteuropäisches Land vorbereiten, das nun gesonnen scheint, seinen kaputten Maschinenpark und seine kaputten Eisenbahnen – überhaupt seine kaputte Wirtschaft – mit der Hilfe von harten Devisen wieder auf die Beine zu bringen, so daß es den Bürgern besser gehe. Das war das Frühjahr '68, und für diese Aufgabe, für die Transferierung von ein paar Millionen Dollar in die Tschechoslowakei muß die Angestellte die Sprache dieses Landes lernen und die Wirtschaftsgeschichte und sich überhaupt auskennen. Das ist eine ihrer Aufgaben. Das ist etwa die gegenwärtige Ebene dieses Unternehmens Jahrestage. Die andere verdankt sich einem Zustand dieser Person. Mit vierunddreißig hat sie plötzlich weniger Appetit auf die Zukunft, das heißt sie freut sich weniger auf die nächsten Ferien in Europa oder auf die nächste Auseinandersetzung mit uneinsichtigen Chefs oder Vorgesetzten. Ihr Blick geht nach hinten, in die Vergangenheit. Vielleicht weil es die Mitte ihres Lebens ist; das mögen die Psychologen erklären. Sie interessiert sich mit einem Mal für jene Umstände in Deutschland, die aus ihr die Person gemacht haben, die sie ist oder als die sie anderen erscheint. Das beginnt mit Fragen nach den Großeltern in Mecklenburg, die so etwas wie Agrarkapitalisten waren, von denen man aber immerhin die erste Sprache gelernt hat: das Mecklenburgische. Da war das Hochdeutsche nachher wie eine Fremdsprache. Das ist die Frage, warum ihr Vater, der doch in England als Tischlermeister sein*

Auskommen hatte, von 1926 bis '32, warum der ausgerechnet bei einem Besuch in Deutschland sich doch noch verkucken muß in ein mecklenburgisches Mädchen und mit dem und einem Kind zurückgehen nach Deutschland, das 1933 eben auch schon von den Nazis besetzt war und beherrscht wurde. Sie sagte sich, diese Gesine Cresspahl: «Ich hätte doch in England geboren sein können. Dann hätte ich zwar die Schulden einer anderen Nation, aber nicht die der deutschen.» Das sind Versuche, herauszufinden, was aus dem Aufwachsen in einer kleinen Stadt an der mecklenburgischen Ostsee erwachsen ist für dieses Kind Gesine Cresspahl im Alter von fünfeinhalb Jahren, als sie die Mutter verliert, die die Bibel oder vielmehr die protestantische Religion so streng auslegt und vergleicht mit den Taten der Nazis, daß sie sich gleich aus dem Leben ganz und gar verzieht, ohne darauf zu achten, daß sie ein Kind zurückläßt in diesem Leben von 1938, ein Kind, das bis 1945 in den Schulen Hitlerdeutschlands lernen muß, wie man lügt. Das ist auch für ein zehnjähriges Kind ein unvergeßliches Erlebnis, daß man dem Lehrer eine gewünschte Lüge aufsagen kann und muß, von der beide wissen, Schülerin wie Lehrer, es stimmt nicht zum Alltag, so kommt es im Leben nicht vor; worauf einen der Lehrer ansieht, und beide im Bewußtsein dieses falschen Handelns zusehen, wie der eine, der Lehrer, der Schülerin eine Eins ins Klassenbuch schreibt. Dieses ist dann nicht totes Buchstabenwissen, das kann man dann in den Jahren der neuen Schulen von Mecklenburg fortführen. Die neue Schule wurde etabliert durch zunächst die sowjetische Besatzungsmacht und dann durch die mit ihr befreundete Partei, die SED, die Sozialistische Einheitspartei Deutschlands. An dieser neuen Schule war alles neu insofern, als das Gebäude noch da war und man die meisten Lehrer noch kannte und auch das Mobilar wenig erneuert war. Aber die Schule wollt etwas ander[e]s von den Schülern als die vorige, und diesmal ging es nicht nur um Kenntnisse in Mathematik, Biologie und Chemie, wo man sich auskennt. Die Schule wollte auch ein allmähliches Erlernen der sozialistischen Theorien und, wenn möglich, ein Bekenntnis der Schüler dazu. Hier kam es wieder dazu, daß die angeblich einzige humanistische Alternative, wie sie in der Schule gelernt wurde, nicht auf jene Straßen paßte, in denen man von der Schule nach Hause ging. Wenn man aber das mit dem Lügen, dem starren Blick beim Aufsagen des Gewünschten, wenn man das einmal gelernt hat, dann kommt man durch und bekommt auch [das] Abitur. Diese Gesine Cresspahl studiert wirklich im Jahre 1952 bis '53 Anglistik an der Martin-Luther-Universität in Halle an der Saale. Im Juni 1953 gehen auch da wie in Mecklenburg die Arbeiter auf die Straße und beschweren sich über das, was ihre ureigene Regierung mit ihnen anfängt. Das ist ein Widerspruch zwischen dem Gelernten und dem phänomenalen Sozialismus, dem diese Gesine Cresspahl, damals zwanzig Jahre alt, sich spornstreichs entzieht. Sie sagt sich: «Wenn das so ist, dann gehe ich gleich an jene Stelle der Welt, die mir in der Schule geschildert ist als die allerschrecklichste auf der Erde.

Dann gehe ich in den kapitalistischen Westen Deutschlands.» Das hat sie überstanden. Anglistik konnte sie hier nicht mehr bezahlen. Zu einem Dolmetscherdiplom hat es gereicht, Italienisch, Französisch und Englisch, und damals konnte man mit solchen Zeugnissen im Jahre '55/56 durchaus eine Arbeit bekommen. Die Arbeit war nach einer Zeit eine Banklehre in einem Finanzinstitut am Rhein in Düsseldorf. Dort fiel diese Angestellte Gesine Cresspahl auf durch Fleiß, durch Anstelligkeit. Das war wiederum Verstellung, denn wer damals aus dem Osten Deutschlands in den Westen hinüberkam, der fühlte sich oft behandelt als ein Bürger zweiter Klasse. Das war das eine; das andere war, sie dachte sich: «Ich bin hier zwar angestellt worden, aber ich werde wahrscheinlich als erste wieder rausgeschmissen, gekündigt.» Unter solchen Umständen lohnt es sich, eine gewisse Aufmerksamkeit für den Bankbetrieb an den Tag zu legen. Das mißversteht die Geschäftsführung. Sie hält das für echte, innige Verbindung dieser Angestellten mit den Interessen dieser Bank. Jetzt soll sie belohnt werden mit einem zweijährigen Ausflug nach Amerika, damit sie dort die feineren Tricks bei der Vervielfältigung des geliehenen Geldes lernen kann. Das ist der Angestellten überhaupt unrecht; denn wie alle, die ihre Heimat verloren haben, hat sie natürlich in den sechs Jahren Düsseldorf versucht, sich dort eine neue Heimat zu erwerben, was mit Hilfe des Rheins und ein paar alten Häusern in Düsseldorf gelungen ist. Jetzt aber soll sie da wieder weg und mit einem viereinhalb Jahre alten Kind, mit dieser Marie, sechstausend Kilometer über das weite Wasser. Und sie wollte nicht bleiben. Sie zeigte Dankbarkeit. Sie täuscht sie aufmerksam genug vor. Sie geht also im Auftrag der Bank nach New York City, immer das Wort im Herzen: «Nur für ein Jahr, nur für ein Jahr» Das Kind Marie aber adoptiert diese Stadt, will keine andere und sagt nach dem zweiten Jahr Probe in New York: «Nein. Nein, wir gehen nicht zurück an den Rhein, wir bleiben hier. Wir bleiben.» So hat das Kind eine echte Heimat, und Gesine Cresspahl hat eine dritte bekommen – oder eine vierte, wie Sie wollen.

Zu der Lesepassage, an deren Ende es heißen wird, der Praktikant Weserich habe die Elf A Zwei *das Deutsche lesen* [195] gelehrt mit der gründlichen Lektüre Fontanes, leitete er über mit einer sarkastischen Reminiszenz: *Zu den Dingen, an die Gesine Cresspahl sich zu erinnern versucht, gehören Vorfälle aus der Schulzeit, wo man lernen mußte, daß die Partei das Telefonieren oder das Flugzeug erfunden hat. Wo man in der Chemie schon wieder unsicher wurde, weil anerzogene Eigenschaften von Pflanzen angeblich vererbbar seien, was man auch aufzusagen hatte für die Eins in Biologie.* Die Doktrin des stalinistischen Agrarbiologen Trofim Denissowitsch Lyssenko, Umwelteinflüsse dominierten die Vererbung, war das krasseste Beispiel, wie Wunschdenken und Ideologeme in die Naturwissenschaft eingriffen.

Um Tschechisch zu lernen, muß Gesine in New York Umgang pflegen mit böhmischen Emigranten, die als Juden vor einem Menschenleben flüchteten vor den Deutschen. Sie unterrichtet sich über die Zustände in der eigenen Stadt und die Verstrickungen ihres Gastlandes auf den fernöstlichen Kampfschauplätzen durch die «New York Times», die für sich mit einer personifizierten Darstellung warb, einer leicht schrulligen alten Dame mit Korkenzieherlöckchen, mit der Lesebrille auf der Nasenspitze und in hausbackenem Habit. «Tante» Times, gleich in den Anfangskapiteln des Romans eingeführt[196], ganz ihrer Bedeutung für Gesines Orientierung im Alltag New Yorks entsprechend. In der Personifizierung klingt die «Tante Voß» an, unter welchem Namen man sich auf die «Vossische Zeitung» verständigte, und der Neckname, den Ingeborg Bachmann als Wahlrömerin der «La Stampa» gab. Unter dem Präsidenten Lyndon B. Johnson eskalierte der Vietnamkrieg noch, Justizminister Robert Kennedy starb an einem Attentat, und so der Bürgerrechtler Martin Luther King. Im Sommer nach Gesines Jahr würde Woodstock die Sicht auf die Weltmacht verändern. In Deutschland wurde Rudi Dutschke angeschossen. Marie bekommt (für ihr Taschengeld, wie Johnson unterstreicht) einen Leihfernseher in das Kinderzimmer gestellt, bis sie von allein bemerkt, bei den Trauerfeierlichkeiten für «Bob» Kennedy inszeniert sich auch Kalkül, ist Geschäft im Spiel.

Uwe Johnson konnte auf dem bereits bekannten konstanten Personenkreis aus den *Mutmassungen* und aus dem Erzählband *Karsch, und andere Prosa* aufbauen und ihn erweitern für die Darstellung von Umbrüchen und Neuanfängen in Gneez, Jerichow und Rande, fiktiven Orten im Klützer Winkel, einem Landstrich im nordwestlichen Mecklenburg in Nachbarschaft zu Lübeck. Der Name Jerichow ist beziehungsreich und mehrdeutig, wie fast alles bei Johnson von Koinzidenz geprägt ist und somit offengehalten wird. «Jerichosirenen» wurden die infernalischen Tongeber der Sturzkampfflugzeuge von Junkers («Stuka», Ju 87) genannt, die sich beim Angriff automatisch einschalteten. Als Walter Boehlich anfragte, ob und warum Johnson das märkische Jericho so weit nach Norden verlegt habe, antwortete Johnson, er habe es sich in der Tat *aus der Bibel genommen* (was er später bestreiten sollte). *Ich weiß nicht, was die Gründer der sächsischen Orte dieses Namens oder des märkischen sich gedacht haben mögen; es ist ja aber kaum zu übersehen dass eine Stadt, die lange Zeit mächtig ist, eines Tages einer bloss symbolischen Kraftanstrengung nicht standhält: und die Mauern wollen fallen hin. Statt der Trompeten könnte man auch die Lautsprecherwagen nehmen. Oder gesticktes Tuch an einer Stange.* Der Nervenkrieg gegen die Bauern, die sich dem Eintritt in eine LPG verweigerten, wurde durch tage- und nächtelange Tonberieselung bestritten, das kannte Johnson. Er erwähnte dann noch, als Vision der Science-fiction, Ultraschall-Erreger als Trompeten. Daß es einmal ein Meer von Kerzen sein sollte, in dem die DDR unterging, war schlecht vorstellbar. Johnson schließt: *Und da ich fand daß der Landstrich dieses Namens an der Ostsee angenehm blaugrau (etwa als*

Kirche in Klütz. Kennzeichen: die «Bischofsmütze», wie man die charakteristische Dachform des Turms nennt.

Luft und Fischgeruch) auf der Zunge liegt, habe ich mir ein Jerichow auf-gebaut an der Ostsee, es ist besser, da gibt es auch eins. Ich sehe, ich kann es nicht erklären, es ist aber wohl eine Antwort.[197]

Mitschüler Johnsons sahen, als der vierte Band der *Jahrestage* vorlag und ihnen (endlich) zugänglich war, ein auf die Orte Jerichow und Gneez verteiltes Güstrow, das in Sätzen über den ungedruckten Erstling noch als «Wendisch Burg» aufgetaucht war. Erste Ermutigung, Jerichow bei Klütz zu suchen, mag die eigenartige Form der Kirchturmspitze, einer sogenannten Bischofsmütze, dargestellt haben, aber diese Art der Ver-bindung von Turmkegel und ansetzender Turmspitze kann man entlang des gesamten Küstenstreifens ausmachen, in Proseken, Gägelow, Satow, Stäbelow, um ein paar herauszugreifen, bis ins Rügensche Poseritz; in Rerik so gut wie in Klütz. Ermutigt haben wird auch Johnsons Hinweis, wo Gesine lebe, sei das Land offener, baumloser, rauher [198]; anders als die Landschaft, in der er sich zu Hause fühlte. Den Ort hatte er und die zwei wichtigsten Figuren, wobei das Jerichow der *Mutmassungen* noch nicht so streng lokalisiert war, daß es nicht nach den Zwecken des neuen Stoffes verrückbar gewesen wäre. Wenn Johnson sich gegen verfrühte Niederschriften oder Festschreibungen in Exposés aussprach, dann ja deshalb, weil er schreibend Vorgedachtes nicht lediglich ausfüllen wollte; andererseits bedeutet die Entscheidung für die Gattung des Epischen, darauf weist Hans Mayer hin, generell einzubekennen, «daß man beim Erzählen weiß, wie alles weiterging». Und eben: endet. «All dies Vergangene. Trauer und Zorn.» [199] Womit nicht gesagt sein soll, daß Johnson bei dem sich auffaltenden Erzählraum schon immer alles vorher gewußt und bedacht haben muß, in allen Konsequenzen. Glück ist im Spiel, der Ortsname Wendisch Burg fällt in der *Babendererde* nicht, und die Lokalisation Nordwesten für das Jerichow des frühen Romans ist eher eine vage Bestimmung denn eine Festlegung. Aus südlicher Blickrichtung trifft das Wort auf alles Mögliche zu. Es fügte sich bei Johnson, es war auf eine umsichtige Art angelegt. Für Heinrich Cresspahls Schicksal benötigte Johnson schon aus dem Grund einen Landstrich in Nachbarschaft beispielsweise Lübecks, um vorführen zu können, wie ein Mann, der halbwegs integer durch Nazijahre und Krieg gekommen war, im Nachkriegsdeutschland in Not gerät, in handfeste existentielle Nöte. Die Eheleute Lisbeth und Heinrich Cresspahl nehmen, was später Kollektivschuld der Deutschen genannt werden sollte, noch vor Kriegsausbruch vorweg, wenn Lisbeth fordert, der Kunsttischler Cresspahl solle nicht für den Flugplatz Mariengabe arbeiten, er werde mitschuldig am sich abzeichnenden Krieg. [200] Andeutungen ist zu entnehmen, Cresspahl versorgte die Engländer mit Nachrichten, und sie machen ihn zum Bürgermeister Jerichows. Als Berlin in vier Sektoren zerteilt wurde, kam es in den Besatzungszonen zu Gebietsaustauschen und Grenzbegradigungen. Die Engländer zogen sich im Norden hinter Mecklenburgs Westgrenze zurück. Die nachrückenden Russen beließen den Bürgermeister zwar im Amt, machten ihn aber haftbar dafür, daß die Jerichower Bürger an Abgaben zurückhielten, was immer nur sich verbergen ließ. Cresspahl bemühte sich, beiden Seiten gerecht zu werden, und ging Übergriffen der Besatzer nach, bis die Russen ihn in das Zuchthaus Bützow-Dreibergen und in das Lager Fünfeichen verschleppten. Entlassen im Mai 1948, mußte der körperlich heruntergekommene Mann auf eigene Faust den Rückweg bewältigen. Cresspahl sondierte die Lage und machte erst einmal bei Johnny Schlegel Station, einem studierten Landwirt, der seinen Hof wie eine Kommune führte. Schlegel bereitete Cresspahl ein Bad in einem Zuber auf der Wiese hinterm Haus und bediente ihn mit Warmwasseraufgüssen. Schlegel wird als ein Cresspahl verwandter Typ beschrieben, handfest, *turmschädelig*[201], geradlinig. Schlegel wird erst noch bevorstehen, was Cresspahl hinter sich hat. Beide mecklenburgisch im Wesen, wie Johnson den Prototyp favorisierte. Liebend gern würde Schlegel erfahren, was Cresspahl zugestoßen war, und erzählen, was sich in Jerichow begeben hatte, aber – man kennt das schon – es geht nicht an. Es geht nicht an, als erwachsener Mann seine Neugier zu zeigen, ihr gar nachzugeben. *Die Katzen waren vernünftig genug, den Ort dieses Schauspiels zu meiden, die dummen Hühner hielten den Kopf unterwärts verdreht und verwunderten sich, wie oft sie danebenhackten. Die Hühner waren meist die einzigen, die ein Gespräch unterhielten.*[202] Schlegel hatte *seine liebe Not mit dem Schweigen*[203]. An dieser Szene läßt sich gut verfolgen, wie Johnson Momente der Übereinstimmung – Cresspahl sagt: der *Gefühlsseligkeit*[204] – erträglicher machte durch Ironie, wie er mit dem mecklenburgischen Sprüchegut umging. Ein verbreitetes Bild von den Stammeseigentümlichkeiten besagt, der bedächtige Mecklenburger gehe sein Ziel gewunden, auf Umwegen an. Als Cresspahl gar keine Anstalten zu berichten oder zu fragen unternahm, *warf* Schlegel *die Würde von sich und sagte [...]: Das sei ja nun wohl eine lange Reise für Cresspahl gewesen.* Der antwortete, *zurechtweisend*, wie Johnson wissen ließ: *Ja, von Jerichow tau'm Damshäger Krog.* Johnson lieferte die Hintergründe für diese merkwürdig verquere Antwort nach. Es handele sich, erfährt der Leser, bei der Reise zum Gasthof von Damshagen um eine Schnurre aus der alten Zeit, als man den Winkel oder sogar nur den engen eigenen Wirkungskreis ausschließlich verließ, wenn Geschäfte das erforderten. *Da sollten Schuster Fritz Mahler und Schmied Fritz Reink zu den Soldaten, zogen aber Freilose in Grems und ärgerten dort die Leute.* Das ist nämlich die andere Seite von Einschränkung und übertriebener Selbstbeherrschung, von ständiger Furcht vor Übervorteilung und der Ahnung vom eigenen provinziellen Ungenügen; erleichtert schlagen die beiden über die Stränge. Schuster und Schmied fanden schließlich, *sie hätten sich dumm benommen und sollten sich in der Welt bilden. Fritz reist nach rechts bis Damshagen, eine Meile von Jerichow, Fritze Mahler hält sich links, bis auch er nach Damshagen kommt. Im Krug treffen sie aufeinander mit dem Ausruf «Fritz, Fritz, treffen wir uns hier wieder in der weiten weiten Welt!»* Ein wenig geniert ob der Theatralik erzählt Johnson die Anekdote so kurz, wie sie sich nur fassen läßt, und er kommentierte den Schnack lakonisch: *Tatsächlich war Schlegels Hof auch dicht bei Damshagen, Johnny gab das zu.*[205] Cresspahl hat so viel durchgemacht, daß ihm Gefühlsausbrüche von Trauer über Anklage bis zum Zorn zustünden. Die beiden Männer verstanden sich jedoch auch ohne große Worte, sie konnten sich auf das ernsthafteste auf die Posse einlassen.

Jeder Figur, jedem Ort, jedem Ereignis hat Johnson durch derlei

Unterfütterung Eigenwert und Eigenleben zugestanden, allem Gesagten kommt Gleichniskraft zu, wobei der Erzähler durch Mehrfachmotivationen im selben Moment, wenn er auf das Gleichnishafte anspielt, ein vordergründiges allzu simples Begreifen verunsichert. Das beginnt mit den Ortsnamen. Sie sind reale Schauplätze und zugleich doch Symbole für eine Lebensform, die kleinbürgerliche in deutscher Provinz, eine im Winkel. *Gneez, Gnezdo,* weiß Gesine Cresspahl, und dieses Wissen bringt ihr eine Eins im Schulfach Russisch, bedeutet im Slawischen das *Nest*[206], und Jerichow ist im Englischen, das repliziert der Erzähler für Marie Cresspahl, der Ort, wo der Pfeffer wächst und wohin man seine Feinde wünscht: *ein sehr entfernter Ort, [...] und nicht ein angenehmer*[207]. Auch «Guztrowe», Güstrow, entwickelte sich aus dem wendischen Wort für Krähennest und so auch Grems (Grevesmühlen). Klütz, ein Flecken, nicht Stadt, aber durch die Ansiedlung vieler Handwerker in Nähe des Barockschlosses Bothmer (ein bedeutendes Bauwerk mit Anklängen an Blenheim House bei Woodstock in Oxfordshire) mehr als ein gewöhnliches ritterschaftliches Dorf, galt als eine Art Schilda, ein Eulenort, ein Uhlenort. Diesen Ruf verschaffte *ein verlotterter Gastwirt* als Amtsträger der Nationalsozialisten Gneez.[208] Johnson spielt mit den Ortsnamen und Bedeutungen, manchmal führten sich die Jerichower/Gneezer auf, als ob sie Klützer seien, konnte er etwa sagen; ein Satz, der nur so strotzt vor Beziehungsreichtum. Johnson ließ Cresspahl mit seiner Tochter vom fiktiven Gneetz über das reale Güstrow, wo er der verschwägerten Niebuhrs und der Lehrer-Babendererdes im fiktiven Wendisch Burg gedenkt, ins reale Malchow fahren. Die binnenmecklenburgische Tuchmacherstadt Malchow ist Cresspahls Geburtsort, aber auch Vaterstadt des Latein- und Englischlehrers Dr. Kliefoth am Gymnasium von Gneez. Gründlich recherchierte Realien – wobei zu diesen Realien auch sich beharrlich haltende landläufige Meinungen, Sagen, Sprüche, Schnacks zu rechnen sind – und Fiktives verspann Johnson zu einem solchen Gespinst, daß seine Geschichte darin wie eine Larve im Kokon aufgehoben ist für den Gebrauch durch Benutzer. Johnson konnte vorbauen für alle Eventualitäten, Literatur verjährt ja nicht. Mit unsagbarer Geduld zeichnete er in den *Jahrestagen* das Bild zweier Diktaturen auf deutschem Boden, ohne sie in eins zu setzen. Es wird im Schlagabtausch aktueller Meinungen leicht übersehen, daß, wer auf Unterschieden insistiert, sie für gegeben halten muß; das Bild von den ausgetauschten Porträts in den Klassenzimmern aus den *Begleitumständen* ist treffendes Bild zur Charakterisierung einer bestimmten Situation, nicht Leitmotiv, schon gar nicht Programm. Als die Nationalsozialisten an die Macht kommen, zählte ein gescheiterter bürgerlicher Gutsbesitzer wie Papenbrock, Cresspahls Schwiegervater, noch zu den Honoratioren von Gneez. Mit Sturheit und kleiner Schläue und den Sprüchen aus der Mundart überdauerte der Mittelstand. Soweit dem Krieg entkommen, schlitterte er, in seinen Nöten durchaus nicht zu demokratischem Gesellschaftsverständnis gereift, in die sozialistische Selbstgerechtigkeit. Cresspahl als Bürgermeister muß schon mit ins Hintertreffen geratenen Krämersgattinnen, Käthe Klupsch und Mining Ahlreep, Mine Köpcke und Bergie Quade, Apotheken-Plückhahn und den Wollenbergs, Eisenwaren, vorliebnehmen. Sie hielten Wohnraum zurück und zogen säuberliche Grenzlinien zwischen Alteingesessenen und zugezogenen Vertriebenen. Die Analogien in den Mechanismen der Diktaturen, aber auch die konkreten Unterschiede herauszuarbeiten auf 1900 Buchseiten, dies ist ein Verdienst Johnsons. Das Verhältnis von Geschichte und Biographie, wobei der einzelne seinen Kern unbeschädigt durch die Zeitläufte zu bringen trachtet, der Topos von Austreibung und Entfremdung, das jüdische Thema, die Skepsis an der Regenerationsfähigkeit des Sozialismus durchziehen die Episoden des Großromans.

Das abgefeimt Böse kommt personifiziert nicht vor in Johnsons Romanwelt. Die Inkarnation des Bankkapitals, de Rosny, ist die Liebenswürdigkeit selbst und aufmerksam noch zu Kindern, der Schieber Emil Knoop ist zu erledigen mit den ironisch kommentierten Zitaten seiner Rede, wie ja auch Friedrich Jansen nur zitiert zu werden brauchte, nachträglich, von Gesine. Kriminalrat Vick, der «gute» Nazi, will Jansen der Unredlichkeit überführen, weil der dem Ruf der Bewegung schadet. Bei der SA tut sich Hansi Demmler hervor, *Hansi Demmler, Jerichow-Ausbau*[209]. Der will nach oben. Die Ortsbestimmung erklärt das Verhalten. Die Verhältnisse sind, da geht Johnson konform mit der übrigen Moderne, anonym geworden, die gesellschaftlichen Schichten, so es sie noch gibt, berühren sich nicht in Konfrontation und direkten Aktionen, alles ist vermittelt, durchdringt einander höchstens von Fall zu Fall. Das abgrundtief Schlechte bleibt namenlos. Die Kapos, die Cresspahl malträtieren, daß es selbst die Russen schaudert, verbleiben in der Anonymität ihrer Funktion. Das Böse ist eher Schwäche, ein Schuß löst sich in Tannebaums Treppenhaus, die kleine Marie Sara kommt mehr durch Zufall infolge wichtigtuerischen Gefuchtels mit einer Waffe um denn durch den Vorsatz zu töten. Schuldig wird, wer dabeigewesen ist und zugeschaut hat, lehrt Lisbeth Cresspahls spontane Reaktion, indem sie Jansen ohrfeigt, lehrt am Ende ihr Flammentod noch.

Damit begnügte sich der Autor aber nicht. Der Sozialismus warb für sich als das große Andere, die Alternative zum faschistischen Unrecht. Und was seinen Anhängern die Einsichten in die gesellschaftlichen Bedingtheiten und die Prinzipien sozialistischer Moral waren, müßte dem Mittelstand religiöses Empfinden sein, Bibelkenntnis und Religionsethik als die Ideologie des Bürgertums. Wie alle große Literatur handeln die *Jahrestage* auch von Schuld in einem biblischen Sinne, einer schicksalhaften, geradezu archaischen Verstrickung.

Der Schweizer Literaturhistoriker Peter von Matt hat im 31. Kapitel seines Buches «Liebesverrat. Die Treulosen in der Literatur» die Verbindlichkeit des Wortes für Johnsons Protagonisten als ein «sprachdiabolisches» Ereignis[210] bezeichnet; das biblische Gebot «Deine Rede sei ‹Ja ja. Nein, nein!›»[211] trifft auf sie ungeschmälert durch Normenverfall und Zwänge zu. Cresspahl und Johnny Schlegel lassen sich keine emotional ungezügelte Rede durchgehen selbst in der bewegenden Stunde des glücklichen Wiedersehens. Gesine beendet die Freundschaft zu Lise Wollenberg, als die leichthin abwinkt, was käme es schon an auf ein Wort.

Johnsons Werk durchziehen die Einspänner, alle diese Ärzte und Lehrer sind Witwer oder Strohwitwer, Karsch und Erichson leben allein. Anita Gantlik und Gesine bleiben unverheiratet, Karin trennt sich von ihrem Rennfahrer. Dieser Verzicht auf eine flaue Gemeinschaft durch Gewöhnung oder Kompromiß ist dem hohen Stellenwert geschuldet, den Johnson einer Ehe zumaß. Sehr altmodisch, ist sie für ihn eine Verbindung fürs Leben. Jo Hinterhand, über den noch zu reden sein wird, geht eine Liebesbeziehung *sonder Vorbehalt*[212] ein. Johnsons Protagonisten sind androgyne Wesen, die einer Ergänzung bedürfen, aber diese andere Hälfte wird so sehr zu einem Teil von ihnen, daß ein Auseinanderbrechen der Verbindung sie existentiell bedroht und im Kern zerstört. Wenn man im Falle von Lisbeth und Heinrich Cresspahl von Schuld reden wollte, und Johnson spart den schwer lastenden Begriff nicht aus, dann besteht Lisbeths Schuld darin, das wird klar ausgesprochen, *daß sie mit ihrem Mann Heinrich wohl leben wollte, jedoch nicht in der Fremde*[213]. Dieses möglicherweise mehr geahnte als deutlich gesehene Verlangen aber unterdrückt den Blick auf die Folgen; Lisbeths Schuld besteht darin, daß sie mitgeht nach England, daß sie Tricks versucht, Heinrich zurück in den mecklenburgischen Winkel zu bekommen. *Meines Vaters Schuld war freilich, daß er ihr getraut hatte*, sagt Gesine, daß er ihr die genaue Kenntnis der eigenen psychischen Konstitution zugetraut hatte. Lisbeth verschätzt sich in den Relationen, als sie schon auf der Hochzeit annimmt, das größere Opfer brächte sie mit der bevorstehenden Auswanderung, nicht Cresspahl, der die Verwandtschaft mit der Papenbrock-Sippe hinnehmen muß. *Dat dau ick föe di, Cresspahl. Föe di dau ick dat. Oewe sühst du dat?*[214] Um Schuld von ihrer Nachkommenschaft fernzuhalten, treibt Lisbeth ihre zweite Schwangerschaft ab und ist bereit wegzugucken, als die kleine Gesine auf eine unabgedeckte Wassertonne steigt; und ihr Sühnebedürfnis läßt sie das eigene Leben aufrechnen gegen das der von den Nazis erschossenen Marie Sara Tannebaum, am 9. November 1938, der sogenannten Reichskristallnacht. Lisbeth findet einen, das ist ein Rilkescher Gedanke, *eigenen*, einen *unentwendbaren, gnadenlosen* Tod, als sie in Cresspahls Werkstatt verbrennt.[215] Vielleicht ist es nicht widersinnig zu sagen, trotz des schlimmen Ausgangs findet diese Ehe ein gutes, das heißt ein konsequentes oder jedenfalls angemessenes Ende. Cresspahl verzichtet sogar *auf die Versicherungssumme für Werkstatthaus und Maschinen*, damit Lisbeth *diesen*

Uwe Johnson in der Stierstraße in Berlin, 1972

ihren Tod für immer behält.[716] Wie als Klammer dieser Ehe kehrt der Satz, den Lisbeth sprach, wieder, als Cresspahl, obwohl jeder kirchlichen Zeremonie fremd gegenüberstehend, seine Lisbeth mit allen Ehren einer christlichen Beisetzung unter die Erde bringen läßt. *Dat dau ick föe di, Lisbeth. Föe di dau ick dat. Oewe sühst du dat?* kann auch er fragen.[217] Pastor Brüshavers Predigt, in der er Lisbeth unter die Opfer der Nationalsozialisten einreiht, bringt ihn in ein Konzentrationslager. Wenn Cresspahls einstiger Lehrling Klaus Böttcher beim Heimaturlaub von Massenmorden der SS in Polen berichtet und auch die getöteten Kinder erwähnt und seine Mutter in grenzenloser Gedankenlosigkeit nachfragt, ob es sich nicht um Partisanen handele statt *ganz zivile[r] Kinder*[218], wenn Johnson die Formel vom *antifaschistischen Napalm*[219] prägt, dann wendet sich die Unbedingtheit seines Sprachpurismus immer gegen die Zwecklüge und den dadurch verschleierten Kompromiß in der Sache.

Lisbeths Arglosigkeit ist die Uninformiertheit einer behüteten Tochter aus, wie man das nannte, gutem Hause in gesellschaftlichen Belangen. Lisbeth hält soziale Ungerechtigkeiten und Härten *für etwas Ausländisches*[220]; Johnson attestiert ihrer Impulsivität, mit der sie als Kind während des Kapp-Putsches das Waffenlager ihres Vaters verriet oder mit der sie sich im exklusiven New Star and Garter Hotel von Richmond

107

einquartierte, und ihrer Naivität die *Verspätung der mecklenburgischen Seele*[221].

Mecklenburgisch sind die Schauplätze, die erfundenen wie die tatsächlichen, als typisch mecklenburgisch mag dem Leser die Schwerblütigkeit der Charaktere vorkommen, das Bedachtsame und Zögerliche, das Zutrauliche und das Übelnehmerische, die mitgeteilten Bräuche wurden geübt, die Sprüche dahingesagt, die regionalgeschichtlichen Vorkommnisse fanden wie geschildert oder so ähnlich statt. In den *Jahrestagen* ist mehr Mecklenburg versteckt, als man ohnehin weiß; der einzige Komponist von überregionaler Bedeutung, Friedrich von Flotow, ist nicht nur in der nachgelassenen kleinen Liebesgeschichte *Marthas Ferien* mit der bekannten Arie aus seiner Tonschöpfung «Martha» und ihren Mutationen gegenwärtig, sondern möglicherweise auch in Johnsons Entscheidung für Richmond als Cresspahls Aufenthaltsort in England; der genaue Titel der romantisch-komischen Oper nämlich heißt: «Martha oder Der Markt zu Richmond». Das Plattdeutsche der Dialoge, obwohl lautmalerisch verfremdet und optische Zungenbrecher für den Leser, ist authentisch in Wortbestand und Diktion. Natürlich hat sich das Plattdeutsche in der Johnsonschen Prosa in Aussehen und Einsatz im Laufe der Jahre gewandelt. Anfangs wird es nichts weiter als ironische Klangimitation gewesen sein und zugleich der ausgestellte Genuß am Sprachspiel, wenn Klaus Niebuhr seine Ingrid *in breitem gefärbtem Hochdeutsch (das die Bauern reden mit denen aus der Stadt)* wissen läßt: *Wir sünd uns denn unei-nich, ne-ich? [...] Ja. Was ein'n Äge!*[222] kann er aufrufen. *Ähnst* nennen die Schüler in gutmütig einverständlichem Spott ihren Erdkunde- und Englischlehrer Dr. Ernst Kollmorgen, *Dschügn*, sagt Ingrid Babendererde zu Jürgen Petersen, das klingt, als ob Tucholskys Lydia ihren Peter einen «weltbefohrnen dschungen Mann»[223] nennt. Die Funktion der *Nachlieferungen* in *Mundart*[224] zwischen Schreibanfängen und Opus magnum hat sich auch gründlich gewandelt. Mit der Mundart hat es freilich seine Besonderheit. Die Plattpassagen sind auf Mittelachse gerückt und kursiv abgesetzt, insofern schon herausgehoben. Natürlich ist der Einsatz der Mundart auch koloritgebend, erschöpft sich aber nicht in der Funktion als ein Gewand für Fabel und Handlungsfäden, dieses *Knochenmanns* Geschichte[225], wie Johnson sagte, erzählerischen Realien also. Gesine, sich im New York der Jahre 1967 und 1968 mecklenburgische Verhältnisse aus den dreißiger und vierziger Jahren ins Gedächtnis rufend, hört «Stimmen». Die Stimmen der in Mecklenburg Zurückgelassenen, mittlerweile Toten stellen erst einmal ein ehrendes Angedenken dar, wie die Ernsthaftigkeit, der strenge Ton des Johnsonschen Schreibens sich insgesamt als Nachrede auf die Toten, als Eingedenken für Gestorbene legitimiert. Diese Stimmen, oft sophistisch mehrdeutig, bemüht Gesine in verfahrenen Situationen, in Verlegenheit oder aus der Erkenntnis des Nicht-weiter-Wissens heraus; aber die Toten sind nicht klüger als die Lebenden, sie können für das aktuelle Dilemma nicht raten, sondern nur ihre Entscheidungen vorweisen, in den eigenen Verstrickungen, mit ihrem Anteil von Schuld. Frau Erichson benützt Redensarten präventiv, es heißt, sie habe ihre Sprüche dafür, sich nicht zu nahetreten zu lassen; so weit reicht die Spanne der Möglichkeiten für Johnson.

Gerade indem Johnson die volkstümlichen Sprüche an brenzlige und knifflige Situationen bindet, kann er, was Ideologen als Volksmentalität ausgeben, kritisch werten. Vergangenheit und Zukunft, was man «geschichtliche Kontinuitäten» nennt, gewinnen durch die prüfende Instanz der Toten, die sich ratlos einmischen, ebenso wie durch Maries beharrliches Fragen «eine Bedeutung, die über die Fabel hinausweist»[226].

Ernst Blochs vielzitiertes Wort aus dem «Prinzip Hoffnung», Heimat sei, worin sich noch niemand aufgehalten habe und was allen in die Kindheit scheine, bekommt in den *Jahrestagen* als ein Versprechen seine reale Bedeutung. Heimat in dem umfassenden Sinne, in dem wir hier den Landschaftsbegriff verwandten, als Summe aus geographischen Gegebenheiten, Sprache, allgemeiner Geschichte und Individualgeschichte, das, was Enzensberger als «Record»[227] bezeichnet, ein Konglomerat aus Fama und Fakten also, hat für Heranwachsende die Funktion von Wertebildung und emotionaler Prägung. Nach Johnson ist Landschaft für Kinder unverzichtbar, die Normen des Zusammenlebens aufzunehmen, *Bescheid zu lernen*[228]. Das zweite dann ist die Möglichkeit, durch Information unterrichtet zu sein und Wahlmöglichkeiten zu haben, etwas, was der Johnsonschen Generation in den prägenden Jahren unter Nationalsozialismus und Kommunismus vorenthalten oder durch gezielte Fehlinformationen selbst in Ansätzen verwehrt war. Gesine unterrichtet ihre Tochter nicht schlechthin in Familiengeschichte und mecklenburgischen Verhältnissen, durch die Vergegenwärtigung des Vergangenen kann sie selbst, wie auch durch ihre hingebungsvolle, fast süchtige Lektüre der «Tante Times», *in Kenntnis leben*[229], wenigstens das. Und aus Marie, die in einem Maße sprachlos ist bei ihrer Ankunft in New York, daß sie das wenige Englisch, das ihr beigebracht wurde, nicht zu artikulieren vermag, wird so sehr Amerikanerin und Großstädterin, daß sie sich die Stadt auf eine vitale Weise Stück um Stück erschließt. Die Fahrten mit der South Ferry gehören zu ihren Vergnügungen, die Subway ist ihr eine Selbstverständlichkeit. Emotionslos und gewissenhaft bereitet sich Marie auf alle Eventualitäten vor, überprüft die *neuen Kodes und Linienführungen*[230]. Die Subway steht der Großstädterin zu, Marie weiß, sie hat einen Anspruch auf die Dienstleistung zuverlässiger Beförderung. *Einmal, so hat sie sich vorgenommen, wird sie mit jener einzigen Zeichenmünze, die man braucht für den Eintritt in das Liniennetz, alle Strecken abfahren, alle 381 Kilometer, alle 482 Stationen, Tag und Nacht.*[231] An die großräumigen New Yorker Verkehrsmittel knüpfte der englische Germanist Greg Bond eine Motivation, die über die sattsam bekannten und immer wieder zitierten und interpretierten Standardtopoi des Johnsonschen Bilderkosmos hinausgeht. Neben den fluchtartigen und dann zielgerichteten Ausreisen schildere Johnson mit Vorliebe «Bewegung[en], die sich beliebig oft wiederholen» ließen, das Segeln der *Reifeprüfung 1953* gehört dazu, und eben Maries Vorliebe für U-Bahn und Fähre. Bond nennt es ein «Ausharren an einem utopischen Ort»; nur Gesines «beabsichtigte Reise nach Prag» stelle durch das Ineinanderfallen von zielgerichteter Bewegung und utopischem Glücksgefühl die einzige übergreifende Ausnahme dar.[232]

Die Vorstellung, sich eine Heimat erwerben zu können durch aktiven Bürgersinn und Teilnahme, teilte Johnson übrigens mit anderen Flüchtlingen, Franz Fühmann sei nur als Beispiel genannt. Der sah sich in sarkastischer Selbstverspottung als Böhme in Preußen, mit allem Pejorativen, was diesem Landesbegriff anhaftet.

Festgelegt sei er *auf den negativen Schluß der Jahrestage*[233], antwortete Uwe Johnson Max Frisch brieflich, als der sich erkundigte, wann der Verfasser «voraussichtlich den vierten Band» der *Jahrestage* abgeschlossen haben werde.[234] Daraus läßt sich folgern, der Romanausgang war bekannt, nicht aber waren es die Einzelzüge der Handlungsstränge. Je offenkundiger wurde, daß einer früh und sehr sorgfältig Konzipiertes in zwei Jahrzehnten erzählerisch auffüllte und ausführte, mit Gewichtungen freilich, die durch eigenes Erleben und den Weltzustand verschoben waren, um so eigensinniger bestand Johnson auf Kenntnis seiner *Personen* als wirklichen, bestand er auf deren Eigenleben mit einem von ihm unabhängigen Willen. Im selben Atemzug wies er die Bezeichnungen «Montage», «Konstruktion» als unzureichend zur Beschreibung seiner Werkstattprinzipien zurück. Während der Schriftsteller durch die assoziative Mehrfachbesetzung von Handlungspartikeln, von Motiven und selbst einzelnen Wörtern (die «sprechenden» Namen) Sperren gegen den abstrahierenden Zugriff auf sein Erzählen seinem Romantext einschrieb, mußten anfangs die Fragen der Marie, später dann der Pakt zwischen dem «Genossen Schriftsteller» und Gesine erzähltechnisch die Geschichte vorantreiben. Die Motivation, aus der Johnson generell die Existenzberechtigung seines Metiers ableitete, ist folgende: Weil die sogenannten kleinen Leute, weil Menschen wie Gesine entfremdeter Arbeit, Mietarbeit, nachzugehen und wesentliche Teile ihrer Zeit zu verkaufen hätten, bringe ein Autor Tatsachenmaterial bei, so die für Erfahrungen fehlende Zeit erstattend. Johnson erlaubte sich den Spaß, einen Schriftsteller Johnson in den *Jahrestagen* auftreten zu lassen, und dessen mißlingender Auftritt vor dem *American Jewish Congress*[235] führt, neben der unvermeidlichen Selbstverspottung des Autors, vor, daß ein Deutscher und ein Deutscher dieser Körpergröße und Pigmentierung zumal von den Opfern des Nationalsozialismus nicht als Individuum, sondern

Mit dem Freund Max Frisch, Frankfurt im Mai 1982

als Vertreter seiner Nation wahrgenommen und beurteilt wird, fast wie der Oberschüler und Student als einer sozialen Schicht zugehörig eingeschränkt. *Der Kanzler sei nicht gewählt worden wegen seiner Verbindung mit den Nazis, es sei nur diese Seite der Sache vergessen worden.*[236] Mochte sich auch eine Beate Klarsfeld bei der beileibe nicht spontanen, dennoch wirksamen demonstrativen Ohrfeige, mit der sie Kiesinger abstrafte, des öffentlichen Beifalls sicher sein, so wirkte die grüblerisch kritische Ehrlichkeit in der Hochburg orthodoxen Zionismus wie ein Anbiederungsversuch. Als Uwe Johnson am 16. Januar 1967 als einer von drei Rednern zum Thema «What Is Happening – What It Means» im Hotel Roosevelt an der Madison Avenue & 45th Street auftrat, muß der Redner nicht im Stimmengemurmel absichtlich störender Zuhörer untergegangen sein, von Bedeutung ist die Störung für den Roman, in dem vorgeführt wird, daß sich ein Deutscher im Ausland nicht erklären kann.

In der Literaturwissenschaft wurde der Erzählsituation der *Jahrestage* eine gedoppelte Erzählerposition attestiert, wobei bemängelt wurde, daß die elfjährige Marie als Fragerin überfordert sei. Johnson hat dem Rechnung getragen, indem Gesine vorsorglich, per Recorder und Tonkassetten, erzählt, *für wenn ich tot bin,* für alle Eventualitäten, so daß eine gereiftere Marie dereinst auch geistig ein Erbe zur Verfügung stehen wird. Doch in den Text drängen Antworten auf Fragen, die Marie

111

Gesine hinter dem Rücken des Lesers gestellt haben muß, und der *Genosse Schriftsteller* bringt, wie der Erzähler auf den acht Seiten des abschließenden 5. Kapitels der *Mutmassungen* ganz kompakt, Material bei, das für die Erzähllogik unverzichtbare Zwischenglieder enthält, auf die aber weder Mutter noch Tochter zurückgreifen könnten. Bestimmte Ereignisse übersteigen nämlich schlichtweg Gesines Möglichkeiten des Erzählens. Das heikle Verhältnis zwischen Mutter und Tochter, das in der Wassertonnengeschichte kulminiert, Lisbeths Schuldobsessionen, durch die sie ein Ungeborenes abtreibt und ihr Erstgeborenes hungern und beinahe ertrinken läßt, die vorausgegangenen Selbstmordversuche, ihr Hang zur Selbstbestrafung, der ihren Flammentod als Eigentötung wahrscheinlich macht, das alles wird ein so genierlicher wie beherrschter Heinrich Cresspahl, Vertreter des Jahrgangs 1888, nur schwerlich mit seiner heranwachsenden Tochter erörtert haben. Aber auch Verdrängung und Bewältigungsversuche des Verlustes schließlich, den Jakobs Tod Gesine zufügte, machen sie sprachlos. Das muß der Autor auf indirekte Weise übermitteln, wie es der Leser weniger aus dem Mitgeteilten herauslesen kann, als daß er es vielmehr intuitiv erfassen muß. Bei dergleichen Gegebenheiten lauert sofort der Vorwurf der bemühten Konstruktion, was Johnson bewußt war. Ein weitergehender Vorwurf war der, ob Erinnerung gezielt funktioniere, ob Erinnerung abrufbar an die Oberfläche des Bewußtseins gelangen könne oder nicht vielmehr, wie Johnson das im Bild seiner *Katze Erinnerung* eingesteht, *unabhängig, unbestechlich, ungehorsam*[237] funktioniere. Kurz, ob Erinnerungsarbeit, wenn sie den Charakter umfassender Trauerarbeit annehmen soll, auf ein verabredetes Jahr einzugrenzen sei.

Hier hat, indem er Johnson am schonungslosesten hinterfragte, der germanistische Außenseiter Ulrich Fries Klarheit geschaffen, wenn er einen permanenten Perspektivwechsel und ein kalkuliertes Wechselspiel ausmachte. Fries spricht von doppelter Optik und «Durchbruchsstellen», wo der Schriftsteller die «Basisfiktion» der getroffenen Übereinkunft «pointiert» verläßt. Indem der Schriftsteller bestimmte Besonderheiten seines Erzählens thematisiere, lenke er ab von den dem Leser suggerierten Illusionen, auf denen er bestehen müsse. Fries nennt das Spannungsverhältnis dieses komplexen Erzählens ein «Oszillieren zwischen Subjektivität und Objektivität, zwischen Partikularität und Allgemeinheit, zwischen Unmittelbarkeit und Vermittlung»[238]. Fries überspannt allerdings den Bogen, wenn er in der Hauptfigur der *Jahrestage* nichts als ein «Konstrukt von Moralität»[239] sieht, «als wäre sie nebenberuflich beim Großen Schulbuch Gottes als Buchhalterin angestellt und könnte ihre marxistische Grundschulbildung nicht vergessen»[240]. Aber Höhepunkt dieser Arbeit und die unbestreitbare Leistung des Kielers ist der Nachweis, im Zweifelsfalle habe Johnson sich über die «Unabhängigkeit und Selbstständigkeit seiner Protagonistin» hinweggesetzt, hinwegsetzen müssen, und sich für sein Erzählkonzept entschieden. Nicht Gesine «‹benutzt› ihn [Johnson], um sich ihre Geschichte aufschreiben zu lassen, sondern er bürdet ihr Erzählfunktionen auf»[241].

Zu einem adäquaten Ergebnis war Holger Helbig gelangt, als er Johnsons *Beschreibung einer Beschreibung* untersuchte: «[…] die Kommentierung der Handlung und erst recht die des Erzählens obliegt ganz allein dem Erzähler, und kommentiert und reflektiert wird beides zugleich.»[242] Lukács hatte behauptet, der Erzählautor beheimate den Leser «in der Welt der Dichtung» gerade durch seine Allwissenheit[243], wogegen die Moderne die Authentizität der Ohnmächtigen setzte. Ost und West hatten in der Beziehung unterschiedliche Ausgangspunkte und Vorstellungen. Hans Bunge charakterisierte die *Mutmassungen* frühzeitig als «vornehmlich eine Information, während das andere Buch vornehmlich ein Erziehungsmittel ist»[244]. Es ist kurzsichtig, Autoren wie Christa Wolf und Uwe Johnson durch Stoffanalogien in Nachbarschaft zu rücken, wozu *Mutmassungen* und «Geteilter Himmel» (das «andere Buch») sowie die Synchronität des tagebuchhaften Ineinsschreibens mehrerer Zeitebenen in den Romanen «Kindheitsmuster» und *Jahrestage* ja ohne weiteres einladen. Die Erzählstrategien beider zwangen dazu, das Wahre und das Authentische miteinander zu verbinden, Gültiges also an die zweifelhafte Kategorie individueller, das heißt subjektiver Erfahrung zu knüpfen. Christa Wolf hat die Erzählinstanz an die Integrität des Autors gebunden, «der Autor [als] wichtiger Mensch» ist das Credo ihrer essayistischen Bemühungen.[245] Wichtig meint wohl: wesentlich. *Die Manieren der Allwissenheit sind verdächtig*[246], wußte Johnson frühzeitig. Wenn die Fragen, woher ein Erzähler das Erzählte wisse und wo er im Text auffindbar sei, nicht Döblinsche Marotten sind, die Johnson aufgegriffen hat im Hörsaal Hans Mayers, dann steckt das Bemühen dahinter, nicht auf das Gegenteil dazu, das Antonyme, auszuweichen, sondern vielmehr ein objektives Erzählen beizubehalten, aber ein Erzählen ohne die zweifelhafte Dominanz des auktorialen Erzählers.

Gesines sorgfältig registrierendes Orientierungsbemühen nannte Fries salopp einen «verbissene[n] Zugriff auf die Leiden der Welt»[247], aber wer banale Alltäglichkeiten, Zufälliges, Intimes bis Tickhaftes und emotional Übersteigertes vermißt, kommt bei Arno Schmidt als einem Meister der Abschweifung und des Räsonnements oder in Hubert Fichtes zehnbändigen Obsessionen auf seine Kosten. Beides sind Autoren mit gleichfalls wohlkalkulierten kombinierten Verfahren. Johnson hielt es hier mit der alten Frau Erichson und flüchtete sich in das Orakelhafte sprichwörtlicher Redensarten. Auch das mag altmodisch anmuten und treuherzig gedacht sein, aber bei Johnson ist die mitschaffende Phantasie des Lesers gefragt.

Frau Boveri wußte
lauter private Gründe

In den Jahren 1965 und 1968 waren Erinnerungsbücher einer Journalistin erschienen, die ihr Thema, den «Verrat im XX. Jahrhundert» (Untertitel der ersten beiden Bände: «Für und gegen die Nation»), 1956 bereits in «rowohlts deutscher enzyklopädie» angeschlagen hatte. Danach versteckte sie es allerdings wieder unter allerlei Länderkundlichem und simplen Reisebeschreibungen. Margret A. Boveri war so alt wie das Jahrhundert. Sie konnte die Unterschiede von vier Regierungsformen aus eigener Beobachtung vergleichen. Nach Studium und Promotion hatte sie 1928 bei der «Frankfurter Zeitung» begonnen, war 1934 zum «jüdisch-liberalistischen»[248] «Berliner Tageblatt» unter Paul Scheffer übergewechselt, nach dessen Verbot aber anstandslos von ihrer alten Redaktion aufgenommen und als Auslandskorrespondentin nach Stockholm geschickt worden. Fast wäre Margret Boveri bei Goebbels Vorzeigeblatt «Das Reich» gelandet, aber dann ließ die FZ sie aus Schweden, Portugal und den USA berichten. Das Unbegreifliche: Obwohl Tochter einer gebürtigen Amerikanerin, machte sie keine Anstalten zur Einbürgerung, sondern betrieb nach ihrer Internierung als «potential enemy alien»[249] in den USA energisch ihre Rückkehr ins nationalsozialistische Deutschland. Hatte Johnson sich Detailwissen über die mecklenburgischen Zustände in Kaiserreich und Weimarer Republik von seinem verehrten einstigen Lehrer für Latein und Englisch Wilhelm Müller aus Güstrow in langen Episteln kommen lassen, so konnte er hier eine Antwort auf die Frage erwarten, wieso jemand, der den Nationalsozialisten entronnen war, zurückkehrte ins Deutschland der Nazis, 1942 noch, nicht, wie Heinrich Cresspahl, 1933. Denn die Frage, warum Gesines Vater, Maries Großvater, an seinem Auskommen im englischen Richmond nicht Genüge fand, sondern zurückging ins heimische Elend, ein doppeltes Ungenügen, das des Hakenkreuzes und das des kleinstädtisch-ländlichen Klützer Winkels, schwebt als letzte Frage über allen Anstrengungen, Marie mit der Familiengeschichte vertraut zu machen. Und die eine Frage schließt die gleichgelagerte andere ein: Warum hatte Gesine dem Sozialismus den Rücken gekehrt nach dem Arbeiteraufstand 1953 und hoffte doch noch auf die Chance des tschechischen Versuchs, dem Sozia-

Margret Boveri
auf dem Hamburger
Flughafen, Anfang
der siebziger Jahre

lismus Bürgerfreiheiten zu gewinnen? Uwe Johnson muß die Bücher
«Wir lügen alle. Eine Hauptstadtzeitung unter Hitler» und «Tage des
Überlebens» verschlungen haben, aus New York nach Berlin zurückge-
kehrt, suchte er die Verfasserin noch im Dezember 1968 auf.

Frau Boveri konnte lauter private Gründe für die Rückkehr anführen.
Die schwedische Sprache verweigerte sich ihr, das Essen, ungesalzen bis
süß, widerstand ihr, die schwedische Indolenz machte ihr zu schaffen.
Nach Kriegsausbruch war die Korrespondentin voll damit beschäftigt,
verwertbare Nachrichten aus und über England aus den Tageszeitungen
und aus dem Äther zu fischen, zwölf Blätter überflog sie täglich. In den
USA dann stieß Frau Boveri auf unreflektierten Patriotismus und einen
verklärenden Emigrationsbegriff. Wort und Vorgang schienen ihr ins
Heroische entrückt. Das Verhältnis zur Mutter war eher gespannt.

Diese Margret Boveri verkörperte so etwas wie Weltbürgertum in seiner großzügigsten Ausprägung, in ihrer Bibliothek entdeckte Johnson Vir-

ginia Woolfs «Orlando», Orson Welles' «Experiment in Autobiography» und William Faulkners «Absalom, Absalom» in den New Yorker bzw. Londoner Erstausgaben, und die als schwierig verschrienen und zur nachholenden deutschen Spätmoderne gerechneten Bücher Johnsons kannte sie seit ihrem Erscheinen. Die nahezu Siebzigjährige suchte die Freundschaft des halb so alten Jüngeren, und er erwiderte sie. Johnson erhielt Einblick in ihre Aufzeichnungen (später auch in ihren Briefwechsel), er ermutigte sie, diese vor lauter Veröffentlichungen vernachlässigte Privatbeschäftigung ins Zentrum der Arbeit zu rücken, Erinnerungen dieses Ranges dürften der Öffentlichkeit nicht vorenthalten bleiben. Im Juli 1969 war Johnsons Frau einbezogen in die Gespräche. Eine Beziehung auf Gegenseitigkeit baute sich auf, ihn faszinierten Hinweise wie der auf einen beliebigen Tag im Dezember, nur noch Insidern geläufig als der *Tag von Strassers ‹Verrat›*, der alle Parteigänger Gregor Strassers durch das Dritte Reich hindurch gefährdete. «Während ich Ihnen Vergangenheit liefere, bekomme ich durch Sie eine andere Art als die mir zugängliche Gegenwart und etwas von der in ihr enthaltenen Zukunft», schrieb sie ihm.[250] Als die Unterhaltungen, angelangt bei der Aufnahme ihres Studiums in München, stockten – jede Erzählung gebar Nebengeschichten, die Unerklärliches manchmal erhellten –, verständigte man sich auf Tonbandmitschnitte; eine Arbeit, die sich für Johnson schon bei dem gescheiterten Berlinprojekt ins Monströse auswuchs. Aber es ist normal, daß man redend *vom Pflichtwege* des selbstauferlegten *Themas oder der Chronologie* abkommt. Die Schwierigkeit, vor die sich die Freundschaft gestellt sah, hieß nicht Zeiteinbuße. Sie war von anderer Natur. Johnson ließ Unbequemes und Irritierendes nicht aus, was ihn nicht am Verständnis für diesen Lebensweg hinderte, bis sie bei der sogenannten Reichskristallnacht und beim Kriegsausbruch landeten. Hin und her gerissen zwischen persönlicher Bewunderung und abstraktem Rechtsempfinden, steigerte sich die Befragung zum Verhör, aus dem Verhörenden wurde ein eifernder Ankläger; Frau Boveri war schließlich *in einer anderen Lage als Leute in einer mecklenburgischen Kleinstadt. Sie war beweglich*[251], begründete er die eigene Erregung später. Mit bewunderungswürdiger Gefaßtheit registrierte die ehrwürdige Dame, die sich unvermutet verständnislosen Bewertungen all ihrer Handlungen gegenübersah, Worte wie *Nazideutsche* und *Nutznießertum*, und sie versuchte brieflich, sie aus dem Reizklima des Affektgeladenen herauszulösen zum Zweck einer objektiven Betrachtung, und sie fragte sich, fragte ihn, nicht rhetorisch und schon gar nicht aggressiv, eher bekümmert: *«Welches Gefühl ist das rechte? Das will ich von Ihnen wissen. Denn Sie sind der einzige, der es mir sagen kann.»*[252] Der Souveränität Margret Boveris war es zu danken, daß die Freundschaft standhielt über diese Belastung und ihre letzte, durch Unfall und Krankheit verschattete Lebensphase hinaus.

Wollte man derlei Entrüstung nicht als theatralische Ausstellungen abqualifizieren, sondern sie so ernst nehmen, wie sie gemeint war, könnte man sagen, hier verwechselte einer Literatur und Leben; Johnson als der Mann, der nicht mit, der in den Büchern lebte; der die Gebote ihres geistigen Gehalts akzeptierte und auf sich anwandte. Auch hier wieder das Janusköpfige, die Kluft zwischen gebotenem Leben und gelebtem Alltag mit allen Inkonsequenzen und Widrigkeiten: Selbstverständlich kann man das «durch die moralisch integren Figuren» der *Jahrestage* «transportierte Bild»[253] nicht auf den Autor ohne Abstriche übertragen. Zu spüren blieb bei Johnson «die starke Spannung zwischen dem Fertigwerdenmüssen und dem Nicht-Fertigwerden-Können mit dem Leben»[254].

Uwe Johnson kannte sich gut genug, daß er sich allzeit mißtraute. Der Gorbatschowvertrag (nach einer Wodkamarke benannt) mit den einstigen Leipziger Freunden, der *Internationale Katzenvertrag*, auf den er Frau Boveri hinwies, bezeugen, daß der leicht Verletzbare eigenen unvermeidlichen Trotzreaktionen gegensteuerte, wie er den Zufällen des Lebens vorbauen wollte. Johnson schloß Pakte, ohne doch fähig zu sein zum Paktieren. Er band sich und hoffte sich damit im Gegenzug auch vor dem Abfall der Freunde schützen zu können. Daß eine Abkehr nur eine Frage der Zeit sei, nämlich bis man ihn erkannte als das, als was er sich sah, stand für einen so sich Absichernden fest. Das Juridische spielte noch für die Konzeption seiner Bücher, etwa die Übereinkunft Gesine – Johnson (den Johnson aus den *Jahrestagen*) eine Rolle. Wollte man, wie Mathias Weserich es anhand des Fontaneschen Romans «Schach von Wuthenow» exemplifizierte, fragen, wo *derjenige* vorfindbar ist, der die Geschichte *vorträgt*, ein Erzähler[255], etwa in den *Zwei Ansichten*, so müßte man bis auf die vorletzte Seite gehen. Bezeichnenderweise meldet er sich zu Wort, wo es um eine Absprache geht: *Aber das müssen Sie alles erfinden, was Sie schreiben! sagte sie. Es ist erfunden.*[256] Mit der Vertragsimitation wird das Fiktionale der Fluchtgeschichte dicht an der Alltagsmitschrift demonstrativ ausgestellt.

1977, zwei Jahre nach dem Tod Margret Boveris, erschien die Biographie im Piper Verlag München unter dem Titel «Verzweigungen» mit vorangestellter editorischer Notiz und einem fünfzigseitigen Nachwort, in dem er ihre Argumente gegen Stockholm und New York in spannende Prosa verwandelte.

Bei den schriftlichen Ausarbeitungen der sich Erinnernden mußte es Johnson herausgefordert haben, daß *jede Beschreibung* ihres Umgangs mit *den Leuten, denen sie doch tagtäglich begegnet* war, fehlte, etwa *dem Hausmeister ihrer Wohnung in der 31. Straße.*[257]

Das würde er mit seiner Gesine anders halten, kann sein Vorsatz nur gelautet haben, und er h a t es anders gehalten.

Das Frappierendste an der editorischen Vorbemerkung des Buches ist der letzte Satz; ausdrücklich dankte der Herausgeber seiner Frau, *ohne deren Geduld und Mühe das Unternehmen hätte scheitern können*[258].

Instettensyndrom und Moderne

Im Oktober 1974 zogen die Johnsons von Berlin-Friedenau um auf die Insel Sheppey in der Themse-Mündung. Der Ort heißt Sheerness-on-Sea. In Sheerness wird Metall verschrottet, wer auf Kränen und an Metallpressen keine Arbeit findet, muß täglich die Pendlerzüge nach London nehmen. Das Haus liegt direkt an der See, Marine Parade 26, ein weißes Reihenhaus mit Souterrain, Hochparterre und Obergeschoß. Acht Stufen führen zur Haustür, der Aufgang ist von dem kleinen Vorgarten abgetrennt. Als die Deutschen einzogen, war eine ungeschmälerte Sicht auf die «Esplanade» genannte Promenade und auf Strand und Wasser noch möglich, eine schützende Mauer wurde erst nach der Dezemberflut 1977 und der Sturmflut vom Januar 1978 errichtet.

Als Grund für die Übersiedlung hat Johnson die englische Sprache angegeben, die für seine Tochter nach zwei entscheidenden Jahren in New York zu einem Lebenselement geworden sei, und in Berlin lebten nicht mehr viele seiner Freunde. Außerdem war Berlin geballte Öffentlichkeit, nicht gut für das Ansehen eines mittlerweile Alkoholkranken. Nach den 1382 vorgelegten Seiten stagnierten die *Jahrestage*; *Mrs. Cresspahl [...] wird langsam ungeduldig in der Ecke, aus der herauszukommen sie doch selber zögert*[259]. Daß die Wahl ausgerechnet auf den unattraktiven Ort an der grauen See fiel, wird mit den finanziellen Möglichkeiten und den aktuellen Angeboten, Zufällen also, zusammengehangen haben; andererseits konnten die Flugverbindung von Heathrow zum Kontinent in greifbarer Nähe und die Kanalfähre nach Vlissingen Johnson nur recht gewesen sein.

Als Johnson sich von Berlin verabschiedete, lag der Aufsehen erregende Tod der Freundin Ingeborg Bachmann ein Jahr zurück. In der Nacht vom 25. auf den 26. September 1973 war die Dichterin in ihrer Wohnung in Rom mit einer Zigarette eingeschlafen, das Bettzeug hatte sich entzündet. Bis zum 17. Oktober lag sie im Sant'Eugenio-Krankenhaus mit ihren Verbrennungen. Acht Tage später wurde sie in Klagenfurt-Annabichl beerdigt. Eine Todesszene aus ihrem «Malina»-Roman schien in einem solchen Maße eine Vorwegnahme des eigenen Sterbens, daß man ihr Ende zu nahezu mystischer Bedeutsamkeit stilisierte. Eine

Marine Parade in Sheerness-on-Sea. Unter dem ersten Spitzgiebel links das Haus der Familie Johnson

Parallele sollte sich ein Jahrzehnt später in den Reaktionen auf Johnsons Tod anbieten. Hans Werner Richter, der in den mittsechziger Jahren in Berlin mit Ingeborg Bachmann und Johnson freundschaftlich umgegangen war, nannte die Frau aus dem deutschsprachigen Süden und den Mann aus dem Nordosten «Menschen, die an der Bewußtseinsgrenze ihrer Existenz lebten». In beiden sah er äußerst gefährdete «Grenzgänger».[260] Johnson suchte Ingeborg Bachmanns Kindheitsorte auf und fügte das Reportierte mit Rom-Impressionen, Bachmann-Zitaten und der Beschreibung der eigenen Reportagegänge zu einer Collage zusammen, auch wenn er wiederum gezielt recherchierte und sich nicht darauf verließ, zufällig zu finden, was er als Wesensmerkmal der Collagetechnik ausgab.[261] Sein Report entspricht in seiner Machart noch am ehesten dem Aufbau der Tagebücher Max Frischs. Er ist doch zu einer bewegenden Totenklage geworden, einem intensiven Nachsinnen. *Mir war dieser Tod nicht recht*, sagte Johnson in einem Interview, das er zwei Jahre vor seinem eigenen Sterben in Sheerness gab. *Und dies Buch war das einzige, was ich gegen ihn unternehmen konnte.*[262]

Eine Reise nach Klagenfurt war Johnsons einzige Veröffentlichung während des Umzugsjahres; das Jahr 1975 jedoch sah ihn mit den vielfältigsten Unternehmungen befaßt. Er stellte Zitate aus Büchern Max Frischs zu dem Band *Stich-Worte* zusammen und veröffentlichte lange zurückliegende publizistische und poetologische Arbeiten unter dem Titel *Berliner Sachen*. Noch am 24. April 1975 hatte er in Köln von der vierten Lieferung der *Jahrestage* gesprochen und durch den Verweis, der Frager möge sich gedulden, bis das Buch *gedruckt vorliegt*[263], einen Abschluß in Aussicht gestellt, aber es ließ sich nicht zwingen. Johnson tat ein übriges; er ging in einer nahezu tabellarisch kargen Aufstellung bis in Heinrich Cresspahls Geburtsjahr, das Jahr, in dem drei deutsche Kaiser nacheinander auf dem Thron folgten, zurück, das individuelle Schicksal mit Mecklenburger Geschehnissen und solchen aus dem großen Reich verzahnend, aber auch dieser *Versuch, einen Vater zu finden*, brachte die Geschichte nicht voran.

Uwe Johnson erlitt im Sommer 1975 einen Herzinfarkt, seine Ehe geriet in eine tiefe Krise, die soweit ging, daß seine Frau im April 1978 auszog. Zwischen der ersten folgenreichen Herzattacke und dem endgültigen Zerbrechen der Ehe lag allerdings eine Spanne von zwei Jahren; das Ehepaar flog im Spätsommer 1976 nach Amerika, wo Johnson bis an die kanadische Grenze Lesungen absolvierte. Zurückgekehrt, spielte er mit dem Gedanken, der im Vorjahr gestorbenen Hannah Arendt eine Biographie zu widmen; Helen Wolff und die Nachlaßverwalter hätten es *sich in den Kopf gesetzt*, diese Arbeit solle er übernehmen.[264]

Er sähe ihn in seinem Arbeitsraum im Souterrain und «hoffe: gesund, arbeitslustig in der Zielgeraden», hatte Max Frisch am 22. Juli 1976[265] Johnson brieflich Mut gemacht, und der sah zu dem Zeitpunkt anscheinend noch keinen Grund, dem Freund in Küsnacht zu widersprechen, erst ein Jahr später, Mitte Juli 1977, sagte Frisch ihm auf den Kopf zu: «Ihnen […] geht es nicht gut. Ich weiß es, sonst hätte ich mich nicht erkundigt.»[266] Aber noch spielte Johnson dies herunter, seine Frau lese die Umbrüche der *Verzweigungen* für Piper und fertige ein Register dafür an.[267] Grassens 50. Geburtstag, Archivarbeiten, Lesungen führten ihn auf den Kontinent.

Die Stadt Braunschweig hatte Johnson am 18. Oktober 1975 den Wilhelm-Raabe-Preis zuerkannt, auf ihrer Herbsttagung 1977 nahm die Darmstädter Akademie für Sprache und Dichtung ihn als Mitglied auf, Johnson trat in der Öffentlichkeit weiterhin sachlich und scheinbar emotionslos auf, nachdenklich und witzig, ganz öffentliche Figur, während ihm sein Privatleben immer weiter zerfiel. Die Tochter zog zur Mutter, zwischen Marine Parade und Unity Street in Sheerness gab es keinerlei Verbindung, man vermied, einander zu begegnen.

Bei der Vortragsreihe, mit der er die Poetikvorlesungen an der Johann-Wolfgang-Goethe-Universität in Frankfurt 1979 wiederbelebte, fielen dann seine schockierenden Anschuldigungen gegen die von ihm getrennt lebende Ehefrau. Der ungeheuerliche Verdacht, seine Frau habe außereheliche (korrekt müßte es heißen: voreheliche) Beziehungen zu einem Angehörigen des tschechischen Geheimdienstes unterhalten, konnte auch nicht durch die Spur eines Beweises erhärtet werden, selbst nachdem die Archive geöffnet wurden. Erst die Verknüpfung beider

Tatbestände aber lieferte Johnsons Verstiegenheit den Vorwand, Frau und Tochter testamentarisch zu enterben. Immer wieder gedrängt, zu den auch nach Johnsons Tod nicht verstummenden Verdächtigungen Stellung zu nehmen, schrieb Elisabeth Johnson 1996, und das klingt wie eine Königskinder-Paraphrase: «Ich glaubte, er müsse sich ändern, er hoffte, ich käme zurück.»[268]

Der Schriftsteller bezeichnete die quälende Prozedur, nach Stunden ergebnislosen Sich-Belauerns von der Schreibmaschine aufzustehen, ohne auch nur eine Taste angeschlagen zu haben, als *Writer's Block*, eine Schreibhemmung, die sich jedoch auf die *Jahrestage* allein beschränkte. Sein Verleger Unseld zwang ihn gegen alle Unproduktivität zum regelmäßigen Arbeiten: Der Rekonvaleszent übertrug «Von dem Fischer un syner Fru», das bekanntere der beiden niederdeutschen Märchen, die der Maler Philipp Otto Runge den Sammlungen der Grimms beigesteuert hatte, ins Hochdeutsche. Er las die zauberhaft heitere Episode, die die Anfänge von Martha Klünders Verbindung mit Peter Niebuhr darstellt und Keimzelle für etwas Größeres, von den *Jahrestagen* Unabhängiges hätte abgeben können, im Rundfunk (*Marthas Ferien*, 1978). Im tausendsten Band der Suhrkamp-Bibliothek kam 1979 die erste einer Reihe sich abzeichnender Inselgeschichten, *Ein Schiff*, heraus. Dazu die aufwendige Gastdozentur in Frankfurt.

Als Max Frisch siebzig Jahre alt wurde, steuerte Johnson der Festschrift des Verlages einen kleinen Roman bei, dessen Gewicht er zur Skizze herunterspielte. Die *Skizze eines Verunglückten*, die unmittelbar auf einen Frisch-Titel Bezug nahm, erzählt von einem Schriftsteller, der, vor den Nationalsozialisten in die Vereinigten Staaten geflohen, seine Frau tötet, als er erfährt, sie habe ihn mit einem italienischen Offizier hintergangen. Nicht eigentlich des Ehebruchs wegen, nicht einmal weil sie das Verhältnis ausgerechnet zu einem Mann in Diensten der Feindstaaten unterhalten mußte, nicht allein wegen des gebrochenen Wortes tötet er sie, sondern weil ihre Tat alle Einzelheiten seines Lebens entwertet oder verfälscht hat. Der Name des Protagonisten stand Johnson seit seinen Leipziger Tagen zu Gebote, und in der Darmstädter Dankesrede bei seiner Aufnahme in die Akademie hatte er ihn auch öffentlich gemacht: Catt, nun um ein «de» als Zeichen hugenottischer Abstammung erweitert. Joachim de Catt, der sich ein Pseudonym aus der Skatsprache, «Hinterhand», zulegt, ist bis in sein Sprechvermögen hinein gestört, und also zerstört. Nicht erst in der heiteren Sommergeschichte von 1978, *Marthas Ferien*, deutete sich eine Unaufrichtigkeit zwischen Partnern an, die sich *sonder Vorbehalt* auf ein gemeinsames Leben eingestellt hatten. Bereits im ersten Band der *Jahrestage* gibt es einen Hinweis darauf, daß Lisbeth Papenbrock ihrem Heinrich die voreheliche Beziehung zu dem Fähnrich zur See Herbert Wehmke vorenthält: *Sie wollte es ihm nicht für immer verschweigen, aber noch für eine Weile.* In der Johnson-

Konkordanz, die Rolf Michaelis unter aktiver Beteiligung des Schriftstellers an der Endfassung zusammenstellte, wird Lisbeths Jugendfreund als *verheimlichte Ehe-Waffe* bezeichnet, eine Zeitbombe.[269] Die *Skizze eines Verunglückten* ist auch kein Ergebnis einer spontanen Niederschrift, Frisch hat das Werden des Buches beratend begleitet.

Der Schweizer Literaturhistoriker Peter von Matt wandte auf den Arzt in Frischs «Skizze eines Unglücks» und auf Johnsons de Catt/Hinterhand das schlimme Wort vom «Wahn», von etwas Zwanghaftem an. Er sah die «punktuelle Verrücktheit» einer fixen Idee «überall dort» gegeben, «wo für eine erlebte Wirklichkeit kein allen gemeinsames Wort existiert».[270] Gerade mit Blick auf Frisch hat Johnson das Bild eines individuellen *Bewußtseins*, einer sehr *subjektiven Realität*[271] als Kern allen *Erzählens* bezeichnet. Frisch bleibt, auch noch mit seinen «Glück»-Notaten aus dem Tagebuch, die anhaltende Bezugsstelle für Johnson. Von Matt entfernt die *Skizze* aber von den autobiographischen Anklängen und rückt sie statt dessen in den größeren Zusammenhang von Künstler-Novellen, E. T. A. Hoffmanns «Jesuitenkirche in G.» etwa aus den «Nachtstücken in Callots Manier», Goethes «Wahlverwandtschaften» als dem Prototyp einer Geschichte von Treuebruch und Sühne, und Tolstojs «Kreutzersonate». Für den in Selbsthaß Befangenen ist es dabei egal, ob der Vertrauensbruch realiter begangen wurde und Folgen zeitigen wird oder lediglich eine Möglichkeit offenlegt. Schon als Johnson seine Romeo-und-Julia-Version schrieb, sprach er von der verratenen Liebe als zeitgenössischem Schwankmotiv, dem Unzeitgemäßen des Sujets für Ernsthafteres mithin. Das er aber zu leben gedachte.

Während Frischs Figur in einem Moment vernunftmäßiger Blindheit zurückfällt in das barbarische Tun, ist Johnsons de Catt schon bei der Wahl der künftigen Miß Hinterhand ein Einsamer, ganz auf sich gestellt, der *wenigstens für die eigene Person* wirklich machen will, *was gegen die Regel*, also unzeitgemäß ist.[272] Darum die Bindung durch einen Vertrag, als sei es nicht genug, sich auf die Liebe einzulassen. Des Schriftstellers Seele, um das altmodische Wort zu verwenden, liegt im unverfälschten Gebrauch von Worten. Ja, sein Wortpurismus ging so weit, daß er sie sich geradezu neu erfinden mußte. Als alle Festlegungen durch das Wort, bis in die Deutung seiner Fotografien und Dias hinein, als Stütze der Erinnerung ausgehoben sind, vielmehr Unschärfe erlangen, verliert de Catt praktisch die eigene Ausdrucksfähigkeit. Er kann noch übersetzen, aber alles Persönliche ist aus seiner Sprache gelöscht. Von Matt sieht in der *Skizze*, was ein Kernmotiv Johnsonschen Schreibens ist: das «Modell des Dilemmas aller Moral in einer restlos aufgeklärten Gesellschaft»[273], die der moralischen Unbedingtheit entgegensteht.

Auch in den *Jahrestagen* heißt es: *[...] vielleicht würde doch Einer, würde Eine das schaffen und so leben miteinander wie es aber nicht möglich war.* Die Jerichower sprechen von einer *Ehe wie Leim und Lack.*[274]

Uwe Johnson, 1983

Noch in der Runge-Bearbeitung geht es um den Umgang von Eheleuten miteinander, und im Kommentar berührt Johnson einen anderen tradierten niederdeutschen Erzählstoff, den vom Wettlauf zwischen Hase und Igel. Selbst dort bemerkt er zwei, ein Paar, das in vergnügter Betrügerei ohne Reue die langbeinige Überlegenheit überlistet.

Leicht sarkastisch reagierte Johnson auf Fragen nach seinem Erfolg. Er habe noch keines seiner Bücher *sich am besten verkaufen sehen*[275], auch sei Quantifizierung eine außerliterarische Kategorie, die am Wesen der Sache vorbeigehe. Diese Selbsteinschätzung ist mit Vorsicht zu genießen, wie alles, was in Richtung mediale Öffentlichkeit gesprochen wurde, schließlich wurden die drei ersten Romane Johnsons bei Fischer bzw. Rowohlt wenige Jahre nach Erscheinen im Taschenbuch nachgedruckt. Wo gab es so etwas sonst schon? Unseld hatte seinem Autor eine monatliche finanzielle Zuwendung ausgesetzt, ihn auch dadurch als markante Einzelerscheinung in der Kongregation der vielen Individualitäten, als die die Schreiber auftreten, herausgehoben. Johnson war dem Prozedere nach Brecht gleichgestellt. Die finanzielle Absicherung machte den bedächtig Zögernden frei von dem Zwang, auf jeder Buchmesse mit einem neuen Titel präsent sein zu müssen. Andererseits verpflichtete sie auf eine bedrückende Weise geradezu zum Erfolg. Im Rückblick stellt sich die Begünstigung als Belastung dar. Obwohl der Schriftsteller schon im April 1982 seine Alters- und Lebensversicherung dem Verlag überschrieb, zog Siegfried Unseld im Dezember 1982 in Zweifel, ob das Verlagshaus die Vorschüsse ab 31. März 1983 noch werde tragen können.

Sprache hat, wo sie aus dem Zentrum des Schreibenden kommt und auf Wesentliches zielt, immer auch etwas Bloßlegendes. Ein analoges Bild zu dem von den Eigennamen wählte Johnson, wo er von dem Verhältnis zwischen Geschichte und Erzählwerk sprach: dem *Knochenmann Geschichte* würde der Mantel des Individuellen umgehängt. Der umsichtige, sich selbst mißtrauende Fabulierer tat, zum Glück für seine Geschichten und seine Leser, weitaus mehr als das Erforderliche, immer wohl aus Mißtrauen den eigenen Möglichkeiten gegenüber. *So, du meinst, ich bin kein Schriftsteller,* hat er nach durchredeter und, von seiner Seite, durchzechter Nacht einmal seinen Verleger angefahren, als dieser ihn ermuntern wollte, auch und gerade über sein persönliches Elend müsse ein Autor, so er einer sei, schreiben können.[276] Günter Grass geht allerdings so weit, als Freundschaftsdienst gegenüber Johnson zu erwarten, daß jemand, als die Zeit dafür war, dem Autor hätte widersprechen müssen, «als der sich, gewiß in existentieller Notlage, zu dieser unglaublichen Behauptung [gegenüber seiner Frau] verstiegen hatte»[277]. Johnson hat von seinen Ängsten und Zerrissenheiten freimütig gehandelt, wenn auch nicht aufdringlich. Wo er nach vorgeformten und festgelegten Stoffen griff, bei allen seinen Übersetzungen und Umarbeitungen, färbte er das Material ein mit seiner Handschrift und Sehweise, die ausfabulierten Lebensstoffe seiner Personen aber geben dem Erfundenen Halt und kräftige Konturen.

Anders als Arno Schmidt, der sich für sieben Jahre quasi aus der Welt verabschiedete, um sein Opus magnum fertigstellen zu können, war Johnson das anderthalb Jahrzehnt, in dem die *Jahrestage* entstanden, mit vielerlei Unternehmungen, mit Ämtern und öffentlichen Auftritten als markante Gestalt des literarischen Deutschland kräftig gegenwärtig; schreibend hat er sein Leben durchaus gelebt.

Daß es abgelebt war, konnte man nicht fassen. Um das Datum des 20. Februar herum wurde Gesine aus tiefster Bewußtlosigkeit geholt, in die rein äußerlich eine Grippe sie gestürzt hat. Das Kapitel bereitet aber auch auf die Totenrede für Lisbeth vor, die doch im November aus dem Leben gegangen war. Wer ohne eine tiefere Deutung die Festlegung nicht akzeptieren mochte, wollte in der Datumswahl einen Rückgriff auf das Sterben der eigenen Mutter, Erna Johnson, in zeitlicher Nähe, an einem 23. Februar erkennen. Dann verselbständigten sich die Daten doch wieder soweit, daß Gesines Fieberschlaf die andere Zahl, die aus dem realen Leben, in Vergessenheit brachte.

Uwe Johnson starb in der Nacht vom 23. auf den 24. Februar 1984. Er lag drei Wochen tot in seiner Wohnung, ehe man ihn fand. Ein Journalist drang in das Haus ein und stieß höchstwahrscheinlich auch auf Niederschriften Elisabeth Johnsons. Natürlich kann das Eingedenken des einen wie des anderen Vorgangs – der Todestag der Mutter, Gesines traumatisches Fieber – den Schriftsteller, der seine Arbeit getan sah, besonders bewegt haben. Darüber zu spekulieren wäre müßig. Die Fixierung der Zurückgebliebenen auf das bedeutungsgeladene magische Datum aber war so ausschließlich, daß die Öffentlichkeit nicht oder nur unwillig zur Kenntnis nahm, dieser Johnson habe noch am 23. Februar eine Postsendung auf den Weg gebracht. Selbst die privatesten Züge dieser Biographie sah man so von Zwecksetzungen und Bedeutungen bestimmt, daß ihr die Betrachter keine Zufälligkeit zugestanden. Nicht einmal im Ableben.

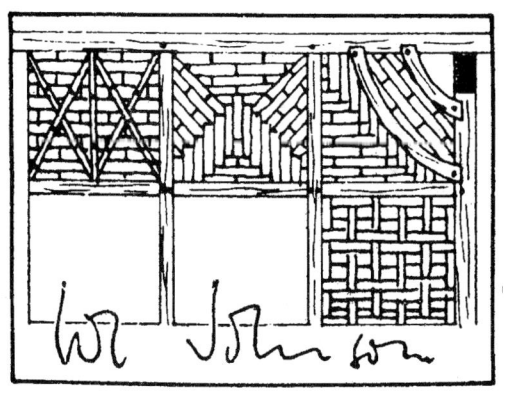

Anmerkungen

Folgende Siglen werden verwendet:

IB:	Ingrid Babendererde. Reifeprüfung 1953 (1985)
MJ:	Mutmassungen über Jakob (1959)
A:	Das dritte Buch über Achim (1961)
KA:	Karsch und andere Prosa (1964)
ZA:	Zwei Ansichten (1965)
JT:	Jahrestage. Aus dem Leben von Gesine Cresspahl (1970, 1971, 1973, 1983)
RK:	Eine Reise nach Klagenfurt (1974)
BS:	Berliner Sachen (1975)
BU:	Begleitumstände (1980)
SV:	Skizze eines Verunglückten (1981)
VV/MF:	Versuch, einen Vater zu finden – Marthas Ferien (1987)
FG:	«Ich überlege mir die Geschichte…». Hg. von Eberhard Fahlke (1988)
FPE:	Porträts und Erinnerungen. Hg. von Eberhard Fahlke (1988)

1 Bertolt Brecht: Als wir so lang getrennt. In: Gedichte. Band IX, Berlin, Weimar 1969, S. 159

2 Eberhard Fahlke: Heimat als geistige Landschaft: Uwe Johnson und Mecklenburg. In: Raimund Fellinger (Hg.): Über Uwe Johnson. Frankfurt a. M. 1992, S. 330

3 FG, S. 73

4 Vgl. Lebenslauf in: Siegfried Unseld, Eberhard Fahlke: Uwe Johnson: «Für wenn ich tot bin». Frankfurt a. M. 1991, S. 81

5 BU, S. 26

6 Hans-Jürgen Klug: Johnson-Jahrbuch 2. Göttingen 1995, S. 71

7 Dr. Peter Moeller: Der Güstrower Schauprozeß. In: Uwe Johnson. Die Güstrower Jahre (1948–1952). Hg. von der Bibliothek des Landkreises Güstrow 1995, S. 31

8 BU, S. 69

9 Kurt Batt: Fragen zu Thomas Mann. In: Widerspruch und Übereinkunft. Leipzig 1978, S. 174

10 Werner Krauss: PLN. Die Passionen der halykonischen Seele (1946). Berlin ²1980

11 Fünfundzwanzig Jahre mit Jake, auch unter dem Namen Bierwisch bekannt. In: Roland Berbig, Erdmut Witizla: «Wo ich her bin…». Berlin 1993, S. 52

12 Manfred Bierwisch: An Béla denken. Ein Versuch über Eberhard Klemm. In: Sinn und Form, Berlin 5 (1995), S. 722

13 Der Bremer Literaturpreis 1954–1987. Eine Dokumentation. Hg. von Wolfgang Emmerich. Bremerhaven 1988, S. 94

14 Horst Bienek: Werkstattgespräche mit Schriftstellern. München 1962, S. 93

15 Vgl. Gombrowicz, in: FPE, S. 23 ff.

16 «Die Katze Erinnerung». Uwe Johnson – Eine Chronik in Briefen und Bildern. Zusammengest. von Eberhard Fahlke. Frankfurt a. M. 1994, S. 169

17 JT, S. 1474

18 Peter von Matt: Liebesverrat. Die Treulosen in der Literatur. München 1989, S. 418

19 Am Tage meines Fortgehens. Peter Huchel (1903–1981). Begleitband

zur Ausstellung. Potsdam 1996,
S. 157

20 FG, S. 223
21 Ebenda, S. 220
22 «Die Katze Erinnerung», a. a. O.,
S. 235
23 A, S. 51
24 BS, S. 61
25 Ebenda
26 BU, S. 251
27 BS, S. 63
28 FG, S. 160 f.
29 Des Thomas Kantzows Chronik
von Pommern in hochdeutscher
Mundart. Hg. von Georg Gaebel.
Stettin 1898, S. 61 f.
30 H. v. der Dollen: Streifzüge durch
Pommern. Bd. II, Stettin und die
Oderinseln, S. 128; R. Spuhrmann:
Geschichte der Stadt Cammin i.
Pommern und des Camminer Dom-
kapitels. 2. erweiterte und verbesserte Auflage, Cammin 1912, S. 11
31 Hans Werner Richter: Aufforderung zum Tanz. In: Ders.: Im Etablissement der Schmetterlinge.
München 1988, S. 172
32 Vgl. Bernd Neumann: Uwe Johnson. Hamburg 1994, S. 12
33 Hans Stilett: Um eine Frau zu
verstehen. Uwe Johnson und seine
Heldin Gesine Cresspahl. Ein
Gespräch. In: Saarbrücker Zeitung,
14. 3. 1984, S. 5
34 Hans Werner Richter: Im Etablissement, a. a. O., S. 181
35 Brief an Heinz Lehmbäcker, in:
«Die Katze Erinnerung», a. a. O.,
S. 16
36 BU, S. 34
37 FG, S. 211
38 Louise von François: Die letzte
Reckenburgerin. Leipzig o. J., S. 354
39 Ebenda, S. 78
40 Ebenda, S. 356 und S. 358
41 Ebenda, S. 358
42 Ebenda, S. 192
43 Ebenda, S. 345
44 BS, S. 54
45 BU, S. 52
46 Ricarda Huch: Im alten Reich
(1927/29). Bremen 1960, S. 154 f.
47 Brief vom 9. 11. 1952, der in «Die
Katze Erinnerung», a. a. O., S. 44,
nur auszugsweise wiedergegeben
wurde. Vgl. Günter Holtz: Briefe
an Charlotte Luthe. In: Neue deutsche Literatur 8, Berlin 1993, S. 93

48 Ebenda, S. 95
49 IB, S. 147
50 BU, S. 84
51 Ebenda, S. 84
52 Vgl. BU, S. 152
53 Norbert Mecklenburg: Mimesis und
Wunschbild der Provinz. Zeitroman
oder Heimatroman. In: Hans-
Georg Pott (Hg.): Literatur und
Provinz, Paderborn, München,
Wien, Zürich 1986, S. 45
54 IB, S. 71
55 Ebenda, S. 134
56 Ebenda, S. 9
57 Ebenda, S. 10
58 Ebenda, S. 67
59 Ebenda
60 Ebenda, S. 68
61 Ebenda, S. 122
62 Ebenda, S. 201
63 Manfred Bierwisch: An Béla
denken, a. a. O., S. 720
64 FPE, S. 125
65 JT, S. 193
66 Hans Stilett: Um eine Frau zu
verstehen, a. a. O.
67 Jürgen Grambow: Uwe Johnson bei
Aufbau. In: Weimarer Beiträge 9,
Berlin 1990, S. 1524
68 Fritz J. Raddatz, in: ZEIT-Maga-
zin, 1. Mai 1992, S. 32
69 Norbert Mecklenburg: Literatur
und Provinz, a. a. O., S. 5
70 Vgl. Günter de Bruyn: Was ich noch
schreiben will. Göttingen 1995,
S. 27 und S. 82
71 Bertolt Brecht: Brief an Therese
Ostheimer. In: Sinn und Form 1,
Berlin 1988, S. 6
72 Vgl. Stephan Hermlin, in: FAZ,
12. 4. 1990, S. 35
73 IB, S. 79
74 Ebenda, S. 80
75 Ebenda, S. 178 ff.
76 Ebenda, S. 145
77 Ebenda, S. 107
78 Klaus-Henning Schroeder: Davids
Enkel. Schwerin 1991, S. 232
79 Vgl. Stiftung Archiv der Parteien und Massenorganisationen
der DDR im Bundesarchiv, Archiv des Kulturbundes (Archiv
KB), Nr. 261, Bl. 226; hier nach:
Eberhart Schulz: Zwischen Identifikation und Opposition. Künstler
und Wissenschaftler der DDR und
ihre Organisationen von 1949 bis
1962. Köln 1995, S. 110 f.

80 Jürgen Grambow: Uwe Johnson bei Aufbau, a.a.O., S. 1525

81 Ebenda. Es ist bezeichnend für die Situation geistiger Auseinandersetzung, daß Nachbars – positives – Gutachten bei Drucklegung der Aufbau-Materialien weitgehend unberücksichtigt blieb.

82 Sonntag, 23. Dezember 1951

83 Gutachten Max Schroeders, in: Bernd Neumann: Uwe Johnson: «Entwöhnung von einem Arbeitsplatz». Frankfurt a. M. 1992, S. 10 f.

84 BU, S. 120

85 Vgl. Briefwechsel mit Caspar, in: Raimund Fellinger: Über Uwe Johnson, a.a.O., S. 11–14. (Der Briefwechsel dauerte in Wahrheit vom 21.7.1956 bis zum 28.10.1958)

86 Vgl. «Wo ist der Erzähler auffindbar?» Hg. von Bernd Neumann. Schriften des Uwe Johnson-Archivs 4, Frankfurt a. M. 1993

87 VV/MF, S. 47

88 Altes Testament, Jesaja 3,4

89 JT, S. 1723

90 Das Tor, Berlin 1949, S. 78

91 Hermann Kant, Neues Deutschland, 18.2.1962

92 Hans Weiser: Neue deutsche Literatur 10. Berlin 1962, S. 146 f.

93 Neue Zeit Berlin, 9.12.1961

94 Reinhard Lettau (Hg.): Die Gruppe 47. Bericht, Kritik, Polemik. Neuwied 1967, S. 156 ff.

95 Ebenda, S. 415

96 Siegfried Unseld, Eberhard Fahlke: Uwe Johnson: «Für wenn ich tot bin», a.a.O., S. 88

97 Kurt Tucholsky: Schloß Gripsholm. Berlin 1964, S. 22

98 JT, S. 631

99 Ebenda, S. 1723

100 Ebenda, S. 1573

101 Herman Melville: Israel Potter. Seine fünfzig Jahre im Exil. Leipzig 1960, S. 24 und S. 266

102 Ebenda, S. 220

103 A, S. 49

104 Hans Werner Richter: Im Etablissement…, a.a.O., S. 174

105 Hans Mayer: Die unerwünschte Literatur. Berlin 1989, S. 54

106 Vgl. Bernd Neumann: Uwe Johnson, a.a.O., S. 151

107 Vgl. BU, S. 69 f.

108 Gespräch am 3.11.1990; vgl. auch Johnson-Jahrbuch 1, S. 17 ff.

109 BU, S. 167–170

110 MJ, S. 7

111 Ebenda, S. 119

112 Bernd Neumann: Uwe Johnson, a.a.O., S. 331

113 MJ, S. 7

114 Sven Hanuschek: Uwe Johnson. Berlin 1994, S. 31

115 Hans Mayer: Die umerzogene Literatur, a.a.O., S. 188

116 Ebenda, S. 192

117 MJ, S. 215 f.

118 Ebenda, S. 82

119 Ebenda, S. 97

120 Vom Hausrecht des Autors. In: Johannes Bobrowski: Selbstzeugnisse und neue Beiträge über sein Werk. Berlin 1975, S. 44

121 Christa Wolf: Die Dimension des Autors. Berlin 1986, S. 40

122 Eberhart Schulz: Zwischen Identifikation und Opposition…, a.a.O., S. 168

123 Ebenda, S. 143

124 Raimund Fellinger: Über Uwe Johnson, a.a.O., S. 376

125 MJ, S. 184–186

126 Eduard Mörike: Sämtliche Werke. Hg. von H. G. Göpfert. München 1964, S. 73 (Gesang Weylas), vgl. ebenda S. 509 ff. [Maler Nolten])

127 FG, S. 227

128 Ebenda, S. 158

129 Im Vorfeld des IV. Deutschen Schriftstellerkongresses wurden die Mitglieder der AJAs – Arbeitsgemeinschaften Junger Autoren – versammelt, die seit 1947 bestanden; vgl. Eberhart Schulz: Zwischen Identifikation und Opposition…, a.a.O., S. 139

130 A, S. 301

131 BU, S. 165

132 Vgl. Hans Mayer: Ein Deutscher auf Widerruf II. Frankfurt a. M. 1988, S. 237–239

133 FG, S. 223

134 FG, S. 127

135 Dokumente der SED Bd. IV. Berlin 1954, S. 428

136 A, S. 205

137 Ebenda, S. 208

138 MJ, S. 191

139 Vgl. BU, S. 248

140 Sven Hanuschek: Uwe Johnson, a.a.O., S. 40

141 Holger Helwig: Beschreibung einer Beschreibung. Untersuchungen zur Erzählsituation in Uwe Johnsons Roman «Das dritte Buch über Achim». Magisterarbeit Erlangen 1993, S. 35

142 vgl. Anmerkung 125; MJ

143 JT, S. 151

144 A, S. 273

145 Ebenda

146 MJ, S. 190

147 Hans Mayer: Die unerwünschte Literatur…, a. a. O., S. 56

148 Lexikon deutschsprachiger Schriftsteller. Leipzig 1975, S. 124

149 Therese Hörnigk: Christa Wolf. Schriftsteller der Gegenwart 26, Berlin 1989, S. 103

150 FG, S. 86

151 VV/MF, S. 47

152 FG, S. 228

153 JT, S. 189

154 FG, S. 198

155 Vgl. Awino Kürth: Uwe Johnsons Kurzgeschichte «Jonas zum Beispiel» – ein Modell künstlerischer Selbstverständigung über die Gegenwart. In: Biographie ist unwiderruflich…, Frankfurt a. M. 1992, S. 79–95

156 A, S. 267

157 Ebenda, S. 31

158 Ebenda, S. 268

159 Ebenda, S. 269

160 Ebenda

161 Ebenda, S. 176

162 KA, S. 71 f.

163 Vgl. Gerhard Dahne: Uwe Johnson – Mutmaßungen über Deutschland. In: Westdeutsche Prosa (1945–1965). Ein Überblick. Berlin 1967, S. 159

164 Karlheinz Deschner: Uwe Johnson, «Das dritte Buch über Achim». In: Ders.: Talente, Dichter, Dilettanten. a. a. O., S. 207

165 Ebenda, S. 198 und S. 216

166 Peter Weiss: Rapport 2, S. 98, zit. nach: Jochen Vogt: Peter Weiss. Reinbek 1987, S. 129

167 FG, S. 231

168 Ebenda, S. 251

169 BU, S. 263

170 «Die Katze Erinnerung», a. a. O., S. 169

171 Gespräch a. a. O. am 3. 11. 1990; vgl. Johnson-Jahrbuch 1, S. 17 ff.

172 Ich verzichte darauf, die Zeitung namentlich zu nennen, da die staatliche Nachrichtenagentur ADN jedwedes Presseorgan mit Gleichlautendem versorgte. Nachricht vom 12. 3. 1968.

173 Ebenso, ADN vom 17. Juni 1968

174 FG, S. 258

175 Michael Bengel (Hg.): Johnsons Jahrestage. Frankfurt a. M. 1985, S. 100

176 FG, S. 69

177 Bernd Neumann: Uwe Johnson, a. a. O., S. 632

178 Norbert Mecklenburg (Hg.): Heute Neunzig Jahr. Frankfurt a. M. 1996, S. 171

179 Ebenda, S. 154

180 Siegfried Unseld, Eberhard Fahlke: Uwe Johnson: «Für wenn ich tot bin», a. a. O., S. 132

181 BU, S. 451

182 Walter Schmitz (Hg.): Über Max Frisch. Frankfurt a. M. 1976, S. 448

183 FG, S. 289

184 Ebenda, S. 258

185 Ebenda, S. 69

186 Ebenda, S. 258

187 Ebenda, S. 69

188 Vgl. Franz Fühmann: Briefe 1950 bis 1984. Hg. von Hans-Jürgen Schmitt. Rostock 1994, S. 66 f., S. 70 f., S. 75

189 FG, S. 241

190 JT, S. 402

191 Ebenda, Anhang I, Band 2

192 Norbert Mecklenburg (Hg.): Heute…, a. a. O., S. 168

193 FG, S. 239

194 Vgl. Johnson-Jahrbuch 2, S. 189

195 JT, S. 1707

196 Ebenda, S. 38

197 «Die Katze Erinnerung», a. a. O., S. 86

198 Vgl. JT, S. 402

199 Hans Mayer: Die unerwünschte Literatur, a. a. O., S. 73

200 Vgl. JT, S. 470

201 Ebenda, S. 1271

202 Ebenda, S. 1510

203 Ebenda

204 Ebenda, S. 1511

205 Ebenda

206 Ebenda, S. 1452

207 Ebenda, S. 385

208 SV, S. 15 f.

209 JT, S. 723

210 Peter von Matt: Die Treulosen…, a. a. O., S. 415

211 Neues Testament, Matthäus 5, 37
212 SV, S. 71
213 JT, S. 758
214 Ebenda, S. 113
215 Ebenda, S. 761
216 Ebenda, S. 758
217 Ebenda, S. 765
218 Ebenda, S. 923
219 Ebenda, S. 520
220 Ebenda, S. 143
221 Ebenda, S. 142
222 IB, S. 104 und S. 111
223 Kurt Tucholsky: Schloß Grips-
    holm, a. a. O., S. 20
224 FG, S. 267
225 JT, S. 144
226 Holger Helbig: In einem anderen
    Sinn Geschichte. Untersuchungen
    zur Erzählsituation in Uwe
    Johnsons Roman «Das dritte
    Buch über Achim». In: Johnson-
    Jahrbuch 2, a. a. O., S. 131
227 Hans Magnus Enzensberger:
    Politik und Verbrechen. Frankfurt
    a. M. 1978, S. 270, 271
228 JT, S. 209
229 Ebenda, S. 210
230 Ebenda, S. 367
231 Ebenda, S. 368
232 Greg Bond: «Weil es ein Haus ist,
    das fährt». Rauminszenierungen in
    Uwe Johnsons Werk. In: Johnson-
    Jahrbuch 3, a. a. O., S. 73 f., S. 80
233 du 12, Zürich 1991, S. 76
234 Ebenda, S. 74
235 JT, S. 253 ff.
236 Ebenda, S. 255
237 Ebenda, S. 670
238 Ulrich Fries: Uwe Johnsons
    «Jahrestage». Erzählstruktur und
    politische Subjektivität. Göttingen
    1990, S. 108
239 Ebenda, S. 17
240 Ebenda, S. 135
241 Ebenda, S. 120
242 Holger Helbig: Beschreibung
    einer Beschreibung. Erlangen
    1993, S. 60
243 Georg Lukács: Erzählen oder
    Beschreiben? Zur Diskussion
    über Naturalismus und Formalis-
    mus. In: Ders.: Kunst und objek-
    tive Wahrheit. Essays zur Litera-
    turtheorie und -geschichte. Hg.
    von Werner Mittenzwei. Leipzig
    1977, S. 133
244 Hans Bunge: Im politischen Dreh-
    punkt. In: Alternative 35, Berlin
    1964, S. 14. «Das andere Buch»
    meint Christa Wolfs Roman «Der
    geteilte Himmel».
245 Christa Wolf: Lesen und Schrei-
    ben. In: Die Dimension des
    Autors II. Berlin 1986, S. 40
246 BS, S. 20
247 Ulrich Fries: Uwe Johnsons
    «Jahrestage», a. a. O., S. 135
248 Margret Boveri, hier zit. nach:
    Roland Berbig: Lieber Herr
    Johnson! Ihre verbesserliche
    Margret Boveri! In: Die Zeit 33,
    11. 8. 1995, S. 36
249 Uwe Johnson: Frau Boveri wußte
    zuviel! In: Magret Boveri: Ver-
    zweigungen, München 1977, S. 381
250 Ebenda, S. 352
251 Ebenda, S. 256
252 Ebenda, S. 363
253 Jens Brachmann: Die Hoffnung ist
    tot! Es lebe die Hoffnung! In:
    Johnson-Jahrbuch 2, a. a. O., S. 313
254 Hans Werner Richter: Im Etablis-
    sement, a. a. O., S. 177
255 JT, S. 1702
256 ZA, S. 242
257 Margret Boveri: Verzweigungen,
    a. a. O., S. 375
258 Ebenda, Vorbemerkung, S. 8
259 du 12, a. a. O., S. 76
260 Hans Werner Richter: Im Etablis-
    sement, a. a. O., S. 176
261 Vgl. FG, S. 251
262 Ebenda, S. 288
263 Ebenda, S. 268
264 du 12, a. a. O., S. 78
265 Ebenda, S. 77
266 Ebenda, S. 115
267 Ebenda
268 Werner Gotzmann: Uwe Johnsons
    Testamente oder wie der Suhr-
    kamp Verlag Erbe wird. Berlin
    1996, S. 147
269 Vgl. JT, S. 131
270 Peter von Matt: Die Treulosen…,
    a. a. O., S. 396
271 Zu «Montauk», ebenda, S. 449
272 SV, S. 20 f.
273 Peter von Matt: Die Treulosen…,
    a. a. O., S. 405
274 JT, S. 392
275 FG, S. 162
276 Siegfried Unseld, Eberhard
    Fahlke: Uwe Johnson: «Für wenn
    ich tot bin», a. a. O., S. 40
277 Günter Grass, Brief an den
    Verfasser, 18. 12. 1996

Zeittafel

1934	Uwe Klaus Dietrich Johnson wird am 20. Juli als erstes Kind von Erich Johnson und seiner Frau Erna, geborene Sträde, in Cammin, Pommern, dem heutigen Kamién Pomorski (Polen), geboren.
1934–1944	In Anklam, Vorpommern, Am Markt 23 und Mine Hüsung 12, aufgewachsen. Das Adreßbuch von 1938 gibt den Beruf Erich Johnsons mit «Prüfungsbeamter» an.
1940	29. März in eine 7b der Cothenius-Schule eingeschult. Schwester Elke geboren.
Juli 1944 bis Februar 1945	Besuch einer nationalsozialistischen «Deutschen Heimschule» in Kosten (Kościan).
1945	Flucht nach Recknitz in Mecklenburg. Erich Johnson wird interniert, nach Kowel in der Ukraine deportiert und 1948 für tot erklärt.
August 1946	Umzug nach Güstrow, Prahmstraße 38 (Landeskinderheim).
1950	Dachwohnung in Güstrow, Uhlichplatz 19.
Sept. 1948 bis Juli 1952	John-Brinckman-Oberschule. 15.–21. Dezember 1950 Besuch eines Bezirksleiterlehrgangs der Bezirksjugendschule der FDJ in Dobbertin, Kreis Goldberg. 14.–28. Juli 1952 Konzertreise des Schulchors durch die Ostseebäder.
19. August 1952	In Rostock für das Studium der Germanistik immatrikuliert.
Mai 1953	Als Johnson sich weigert, Mitglieder der evangelischen «Jungen Gemeinde» zu diffamieren, wird er vorübergehend vom Studium ausgeschlossen.
1954	Wechsel an die Karl-Marx-Universität Leipzig. Anschrift: Ludwigstraße 105.
1956	Diplomarbeit bei Hans Mayer über das Romanfragment «Der gestohlene Mond» von Ernst Barlach. Die Klausurarbeit über den «IV. Deutschen Schriftstellerkongreß im Januar 1956 in Berlin» hingegen erkennt Mayer nicht an: «Es hieße, sich zum Partner – sagen wir: eines Spiels! zu machen, wollte man diesen Aufsatz lesen und ‹zensieren›, ‹als ob› es sich um eine gültige Prüfungsleistung handle!»
1956/57	Erna und Elke Johnson fliehen aus der DDR und siedeln sich in Ulm, später in Karlsruhe an. Johnson bietet sein Romanmanuskript *Ingrid Babendererde. Reifeprüfung 1953* dem Aufbau-Ver-

lag, Berlin, dem Hinstorff Verlag, Rostock, dem List-Verlag, Leipzig, und dem Mitteldeutschen Verlag, Halle, zum Druck an. Auch dem Suhrkamp Verlag in Frankfurt a. M. spielt er ein Prüfungsexemplar zu.

1957   11. Juli: Treffen mit Peter Suhrkamp in Berlin-Zehlendorf, Schützallee 7.

1959   Im Mai Treffen mit Siegfried Unseld in Ostberlin. Roman *Mutmassungen über Jakob* erscheint im Suhrkamp Verlag. 10. Juli: Johnson steigt in Westberlin aus der S-Bahn. 23.–25. Oktober: das erste Mal Gast der «Gruppe 47» in Elmau bei Mittenwald.

1960   Die Stadt Berlin verleiht Johnson den Fontane-Preis. Auf der Tagung der «Gruppe 47» vom 4.–6. November in Aschaffenburg liest Uwe Johnson aus dem *Achim*-Manuskript.

1961   *Das dritte Buch über Achim* erscheint. 20. April–21. August: Durch Henry Kissinger eingeladen zum International Seminar der Harvard University, liest Johnson sein Manuskript *Berliner Stadtbahn* auch in der Wayne State University in Detroit; Peter Demetz holt Johnson an die Yale University in New Haven, Reinhard Lettau lädt ihn ein nach Northampton, Massachusetts. Johnson besucht William Faulkner in Charlottesville, Oxford/Mississippi. Buchpremiere der *Mutmassungen* in italienischer Übersetzung: Johnson hat sich gegen eine Pressekampagne auf Hermann Kestens Anwurf, er rechtfertige Ulbrichts Mauer, zu wehren. 27.–29. Oktober: Tagung der «Gruppe 47» im Jagdschloß Göhrde bei Lüneburg.

1962   28. Februar: Johnson heiratet Elisabeth Schmidt im Römer zu Frankfurt am Main. Im März sucht das Ehepaar Hermann Hesse im Tessin auf. Trotz Heinrich von Brentanos Intervention tritt Johnson seinen Stipendienaufenthalt in der Villa Massimo in Rom an. Er erhält den Internationalen Verlegerpreis Prix Formentor für *Das dritte Buch über Achim*. 26.–28. Oktober: Die «Gruppe 47» tagt im «Alten Casino» am Wannsee, dem späteren «Literarischen Colloquium Berlin». Haussuchung in Redaktion und Archiv des «Spiegel» wegen angeblich landesverräterischer Aktivitäten; Johnson verwandelt sich den Vorgang für die Erzählung *Eine Reise wegwohin* an. Im November wird seine Tochter Katharina Elisabeth geboren.

1963   23. Februar: Erna Johnson stirbt in Karlsruhe. Im Frühjahr tritt Ingeborg Bachmann einen Schreibaufenthalt in der «deutschen Kulturhauptstadt» Berlin an, den die Ford Foundation finanziert und den sie bis Ende 1965 ausdehnen wird. Freundschaftlicher Umgang mit ihr und Hans Werner Richter. Johnson gehört zu den Autoren, die den Geschäftsführenden Bundesvorsitzenden der CDU, Josef Hermann Dufhues, wegen des Vergleichs der «Gruppe 47» mit der Reichsschrifttumskammer der Nationalsozialisten verklagen; am 10. Juli müssen sie in dieser Sache vor das Landgericht Berlin.

1964   *Karsch, und andere Prosa* erscheint. Im SFB diskutieren Heinz von Cramer, Günter Grass und Johnson auf Vermittlung Hans

Werner Richters mit Hermann Kant, Max Walter Schulz und Paul Wiens über «Zwei deutsche Literaturen». Der Tagung der «Gruppe 47» in Schweden (Sigtuna) bleibt Johnson fern. Zwischen dem 4. Juni und dem 3. Dezember bespricht Johnson für den «Tagesspiegel» das ostdeutsche Fernsehprogramm aus Adlershof.

1965   *Zwei Ansichten* erscheint; Johnson gibt Brechts «Me-Ti. Buch der Wendungen» heraus. Enzensbergers «Kursbuch 1» druckt die Erzählung *Eine Kneipe geht verloren*. Am 7. Mai fliegen Günter Grass und Johnson in die USA; das Canyon-College promoviert Grass honoris causa. Am 5. Oktober trifft Johnson sich mit seiner neuen amerikanischen Verlegerin Helen Wolff in Berlin. Johnson stellt Bibliotheken für fünf Einheiten der Bundeswehr zusammen, die Grass aus Einnahmen seiner Wahlauftritte für die SPD stiftet. 19.–21. November: Das «Casino» in der Nähe von Kleists Grab nimmt ein weiteres Mal die «Gruppe 47» auf.

1966   28. Februar: Erneutes Gespräch mit Helen Wolff. 22.–24. April: Die «Gruppe 47» tagt in der Universitätsstadt Princeton, 70 Kilometer südlich New Yorks. Im Mai macht Johnson eine Wohnung in der Upper Westside zwischen Central Park und Hudson für seine Familie ausfindig. Am 4. Juli wird er zum «Knight of Mark Twain» geschlagen. Der Wahl-New-Yorker fährt mit der Subway seit Sommermitte für ein Jahr täglich zu seiner Arbeitsstelle am Bahnhof Grand Central. In der Schulbuchabteilung von Harcourt, Brace & Jovanovich ist es üblich, wie im gesamten Verlagshaus, bei offener Tür zu arbeiten. Von den literarischen Ergebnissen her ein unbefriedigendes Jahr. Auf eine Umfrage, wie Schriftsteller es mit dem Vietnam-Krieg halten, schreibt Johnson Paraphrasen zu Brechts Gedicht von den «guten Leuten» in deutscher und englischer Sprache. *Über eine Haltung des Protestierens* wird aber erst im Folgejahr im «Kursbuch» gedruckt.

1967   Urlaub in Mexiko. Zum 60. Geburtstag Hans Mayers erscheint als Anthologiebeitrag das Porträt *Einer meiner Lehrer.*

1968   Am 16. Januar spricht Hannah Arendt im Goethe-Institut über Walter Benjamin: «A Lecture in German». Ein Stipendium sichert Johnson das zweite New Yorker Jahr, am 29. Januar beginnt Johnson die Niederschrift der *Jahrestage*, der Titel wird jedoch erst später festgelegt. Vorerst findet lediglich die topographische Bestandsaufnahme *Ein Teil von New York* einen befriedigenden Abschluß. Im Sommer nimmt die Familie von Amerika Abschied. Johnson muß sich in Bad Wiessee einer gründlichen ärztlichen Untersuchung unterziehen. Im Dezember knüpft er Kontakte zu der Journalistin Dr. Margret Antonie Boveri, die so alt ist wie das Jahrhundert.

1969   Tonbandgespräche beider Johnsons mit Frau Boveri in Berlin-Dahlem. Die Akademie der Künste Westberlin und der P. E. N. wählen Uwe Johnson zu ihrem Mitglied.

1970   Juli und August verbringen die Johnsons in Ingeborg Bachmanns Wohnung in Rom, Via Bocca di Leone; aus Frankfurt kommen die Korrekturfahnen des ersten Bandes der *Jahrestage*. In dem ironischen Selbstporträt *Dead Author's Identity in Doubt: Publishers defiant* läßt der Schriftsteller das gelebte Leben seines Alter ego mit dem Jahr 1958 enden.

1971   Johnson erörtert in einem Rundfunkgespräch mit Walter Kempowski Möglichkeiten und Besonderheiten des «bürgerlichen Romans», spielt in der «Sand»-Verfilmung Tankred Dorsts einen evangelischen Pastor, frischt im September seine New-York-Eindrücke auf, wird in Darmstadt mit dem Georg-Büchner-Preis – dem angesehensten deutschen Literaturpreis – ausgezeichnet. Daneben sind die Korrekturfahnen für die zweite Lieferung der *Jahrestage* zu lesen, die Arbeit an Margret Boveris *Verzweigungen* ist zu intensivieren, und eine Lesereise mit vierzig Stationen will regelrecht abgearbeitet sein.

1972   Die Mitglieder der Akademie der Künste Westberlin wählen Johnson zum Vizepräsidenten, Präsident ist der Architekt Werner Düttmann. Johnson sucht, als er der DDR als Privatperson genehm ist, Anklam auf. Ein Ostberliner Boulevardblatt hatte Johnsons Eintreten für die Benutzung der S-Bahn in *Berliner Stadtbahn* positiv vermerkt, als die argumentierende Erzählung jedoch in das Buch «Deutsches Mosaik», ein Gastgeschenk für die Teilnehmer der XX. Olympischen Spiele in München, aufgenommen wird, drohen die Kommunisten mit Boykott, so daß das Buch zurückgezogen wird.

1973   Uwe Johnson besucht den Übersetzer Michael Hamburger in Middlesex in der englischen Grafschaft Kent und stößt vermutlich das erste Mal auf Sheerness. Mit Hans Mayer und Karin Kiwus bereitet der Vizepräsident der Akademie ein Colloquium über den irischen Dramatiker Samuel Beckett vor. Die *Jahrestage III* erscheinen; Johnson recherchiert in Ingeborg Bachmanns Geburtsort Klagenfurt.

1974   *Erste Lese-Erlebnisse* entsteht, *Eine Reise nach Klagenfurt* erscheint. Ausgehenden Sommer übersiedelt die Familie nach Sheerness-on-Sea, von wo aus zweimal täglich eine Autofähre nach Vlissingen abgeht, wie Johnson brieflich beschwichtigt.

1975   Zu Max Frischs Geburtstag kommt Johnsons Lesefrucht *Stich-Worte* heraus, im Sommer erleidet Johnson einen Herzinfarkt. Die Stadt Braunschweig verleiht dem Schriftsteller den Wilhelm-Raabe-Preis. Den *Versuch, einen Vater zu finden*, liest Johnson am 23. Dezember im Rundfunk. Diesen nach früheren Aufzeichnungen entstandenen, chronologisch strengen Text gibt er noch als Bestandteil des abschließenden IV. Teils der *Jahrestage* aus. Die Arbeit an den *Jahrestagen* stagniert.

1976   Johnson erzählt für die Insel-Bücherei das Märchen *Von dem Fischer un syner Fru* des frühromantischen Malers Philipp Otto Runge aus Wolgast auf hochdeutsch und begründet in einem Nachwort, weshalb er selbst den Timpe-Tee-Spruch nicht mehr in Mundart bestehen lassen kann. Beide Johnsons fahren in die USA, Tour bis an die kanadische Grenze.

1977	Unter den Zuwahlen der Mitglieder der Darmstädter Akademie für Sprache und Dichtung befindet sich auch Johnson. Die «Verzweigungen» Margret Boveris erscheinen im Piper-Verlag, München. Johnsons Frau, später auch die Tochter verlassen das Haus in der Marine Parade in Sheerness.
1978	Johnson liest *Marthas Ferien* im Rundfunk. Reise in die DDR im Juni.
1979	Als einzige von mehreren «Inselgeschichten» erscheint *Ein Schiff*. Als Gastdozent für Poetik an der Universität Frankfurt am Main rechnet Johnson mit Stalinismus und Zensur in der DDR, mit Kesten und Brentano, dem Hamburger Germanisten Karl Pestalozzi und mit dem *deutschen Feuilleton* ab. Austritt aus der Darmstädter Akademie, Besuch bei Helen Wolff in New York. Lübeck verleiht Johnson den Thomas-Mann-Preis.
1980	*Begleitumstände* lautet der Titel des Vorlesungszyklus gedruckt. Johnson porträtiert seinen Studien- und Lebensfreund Manfred Bierwisch für eine Festschrift, die im niederländischen Nijmegen zum 50. Geburtstag des Linguisten erscheinen soll, als die DDR keine Anstalten macht, den Wissenschaftler zu ehren. Als Bierwisch die Herausgeber insgeheim bittet, auf die belletristische Arbeit zu verzichten, erklärt Johnson die Freundschaft für beendet.
1981	Zum 70. Geburtstag Max Frischs erscheint der Roman *Skizze eines Verunglückten.*
1982	Johnson reist von Sheerness nach Leipzig, um der Beisetzung von Bierwischs Mutter beizuwohnen. Als der Freund in den fünfziger Jahren in Lungenheilstätten seine Krankheit auskurierte, war Johnson in der Familie in Leipzig, Sesenheimstraße, wie an Sohnes Statt aufgenommen worden.
1983	IV. Lieferung der *Jahrestage* und Rolf Michaelis' *Kleines Adreßbuch von Jerichow und New York* erscheinen. Köln würdigt Johnson mit dem Literaturpreis der Stadt. Im Dezember äußert Uwe Johnson sich in einem Fernsehfilm über Ingeborg Bachmann. Letzte Arbeit, die Sheerness verläßt, ist ein Porträt Werner Düttmanns, der im Januar 1984 stirbt. Die allgemeine Erschöpfung meldet sich bei Johnson wieder mit einem koronaren Infarkt, er muß seine Lesereise nach der Frankfurter Buchmesse für einen Klinikaufenthalt unterbrechen.
1984	Vermutlich in der Nacht vom 23. auf den 24. Februar stirbt Uwe Johnson neunundvierzigjährig. Gefunden wird der Tote erst am 13. März.

Zeugnisse

Hans Werner Richter
Was ihn zu Günter Eich hinzog, muß mehr als die übliche Freundschaft gewesen sein, vielleicht eine verborgene seelische Verwandtschaft, die bis zu der Landschaft reichte, aus der Eich kam: das Oderbruch. Auch dort gab es die sogenannten Spoekenkieker. Sie konnten beide zusammen sinnieren, Gespräche voller Andeutungen führen, die andere kaum verstanden, Anekdoten erzählen, blödeln. Beide brauchten sich nie klar auszudrücken, um sich zu verstehen.

Im Etablissement der Schmetterlinge, 1988

Jürgen Becker
Der Herbst, dieser Herbst / bereitet Erregungen vor wie lange nicht, wie nicht mal / im Oktober der Unruhe, der Mutmaßungen / im Nebel, als über die Gleise / ein junger Eisenbahner / davonging.

Das englische Fenster, 1990

Hans Bunge
Johnsons Buch ist ein sprachliches Kunstwerk, seine stilistische Meisterschaft ist unbestritten. Christa Wolfs Stil ist sauber, aber nicht hinreißend, man spürt eher die Feile penibler Überarbeitung als den Schwung der großen Begabung.

Alternative, 1964

Karlheinz Deschner
Basiert ja fast alles auf dieser einmalig miesen, total verkrüppelten, doch durchaus fingerfertig fabrizierten Diktion, in der ein hyperaffektierter Manierist das Gossenvokabular totalitärer Regime, schlechtestes Zeitungsdeutsch und etwas moderne Literaturtechnik zu einer Mixtur verbindet, die nicht ihresgleichen hat.

Talente, Dichter, Dilettanten, 1964

Ernst Kreuder
Der hier so sehr abgelehnte sozialistische Realismus: Johnson bringt ihn bei uns an. Vermutlich ist die Proletarisierung der Literatur nicht mehr aufzuhalten.

Hermann Kesten
[Die von der «Gruppe 47»] schätzen und schützen einen literarischen Taugenichts, Uwe Johnson, den ich in Milano öffentlich die berliner Mauer und die Mauerbauer habe erklären und damit rechtfertigen hören.

Ich lebe nicht in der Bundesrepublik, 1964

136

Robert Neumann
Sehe ich richtig, so ist er ein redlicher, sturer, ein wenig beschränkter Mann, der von der Mauer nicht loskann, weil er seinen Hinterkopf auf der anderen Seite gelassen hat – und der sich zu dem Racket nicht äußert, so nicht und anders nicht, aus purer Loyalität und Dankbarkeit dafür, daß die Spezies seine zweitklassige Begabung im Zuge der Geschäfte emporgejubelt haben zu einer Spitze, auf der auch ein kräftig ausgebildeter Rückenmuskel auf die Dauer nicht sitzen kann.

konkret, 1966

Martin Walser
Ich kann mir keine Prosa denken, die sich weniger aufspielt, die so dienlich ist, die ihren Reichtum nie beweisen will, die ihn nur der Sache zugute kommen läßt und dies unerschöpflich.

Süddeutsche Zeitung, 1964

Reinhard Baumgart
Von Uwe Johnson hieß es, er könne oder wolle Geschichten und schon gar Kurzgeschichten nicht schreiben. Dieser Band nun, mit vier knappen Erzählstücken und einem mäßig langen, scheint das Gerücht Lügen zu strafen. Doch nur für den ersten Augenschein, denn gesammelt sind hier vor allem Seitenwege, Werkstücke, Postskripten zu Johnsons beiden Romanen.

Der Spiegel 13, 1964

Günter Grass
Eine Freundschaft über viele Jahre, die schwierig war, wie offenbar Freundschaften zwischen Schriftstellern in der Regel schwierig sind, eine Freundschaft mit Auf und Ab, die unseren Arbeitsprozeß begleitete. Es ist nicht oft möglich, mit einem Kollegen über das Schreiben entspannt, heiter, handwerklich zu sprechen, einen Bereich auszuloten, den nur die Schriftsteller kennen, den die Germanistik ausspart, das Entstehen von Manuskripten; stundenlange Gespräche, die nicht trocken waren, über Kapitelanfänge, über harte und sanfte Übergänge, über das richtige Adjektiv...

Vortrag in London, 1984

Wolfgang Neuss
Uwe wollte uns was vorlesen. Er bekam gleich einen roten Kopf. Wir saßen ganz hinten. Uwe Johnson setzte sich immer unauffällig auffällig ganz hinten in die Ecke, wo jeder gleich hin will und hinguckt. Dort saß er schon.

Gaston Salvatore: Wolfgang Neuss – ein faltenreiches Kind

Jean Améry
[...] einen rotblonden, sommersprossigen jungen Mann mit kratziger Bürstenfrisur und einem übermäßig langen Schädel, an dem jeder Nazi-Anthropologe seine Freude gehabt hätte. Er fiel uns auf durch die scharfe und erbarmungslose Intelligenz seiner Fragen, zugleich aber durch eine eigentümliche Undeutlichkeit und Ungreifbarkeit seiner Antworten.

Nach: Bernd Neumann: Uwe Johnson, 1994

Max Frisch
[…] ich schulde Ihnen, lieber Uwe, großen Dank für Ihre beharrliche Forderung, daß eine solche Ausgabe auch enthalten soll, was ich, von heute aus gesehen, lieber nicht geschrieben haben möchte. Ihr lästiger Rat war richtig.

Brief, Küsnacht, 1.6.1976

Günter Grass
[…] dabei war alles, was er sagte, zierlich gedrechselt und manchmal von närrisch verkorkster Manier. Entfernt erinnerte er mich an Storm und dessen verbohrte Husumereien, denen seine Güstrowiaden bis ins Schrullenhafte entsprachen.

Ein weites Feld, 1995

Manfred Wekwerth
Vor allem scheint mir Johnson als Brecht-Herausgeber problematisch. Mir gefällt schon nicht die Umgebung, in die Brecht durch den Verlag gesetzt wird, wo sich Mittelmäßigkeit an Brecht emporrankt. Aber die Verbindung eines anarcho-trotzkistisch-avantgardistisch-pluralistisch-existentialistisch, genialischen (was weiß ich) Wirrkopfes mit dem Namen Brechts kann schwer der Sache dienen, der politischen Haltung nur schaden.

An Helene Weigel, 25. Mai 1964

Walter Kempowski
Ich kann nicht gerade sagen, daß ich mich um die Freundschaft zu Uwe Johnson gerissen hätte. Er selbst hatte mich aus mir unbekannten Gründen in sein Herz geschlossen, hielt mich für schutzbedürftig. Wie er ja überhaupt Menschen, von denen er annahm, sie würden von der Gesellschaft benachteiligt, energisch verteidigte. […] Die Freundschaft dieses Mannes oder auch nur sein Wohlwollen hatten nichts Komfortables an sich. Man war an seiner Brust nicht weich gebettet.
[…] Er winkte mir gelegentlich zu, und ich zog als höflicher Mensch den Hut.

Dankesrede auf die Verleihung des Uwe-Johnson-Preises, September 1995

Heinrich Böll
Es ist natürlich nicht Zufall, wo einer herkommt, […] diese Art der Spurensicherung, herauszufinden, wo einer herkommt, ist wichtig, und doch wird dabei Klagenfurt so unwichtig wie Augsburg, Koblenz oder Köln. Städte, die sich durch derartige Äußerungen beleidigt fühlen, bilden sich einfach zu viel ein. Sie sind wichtig, aber nicht auf diese Weise, in der sie sich wichtig nehmen.

Auf den Lebenswegen der Bachmann, 1979

Kurt Batt
Wenn es in dieser enzyklopädischen Bestandsaufnahme so etwas wie ein übergeordnetes Thema gibt, so ist es die Frage «Wohin soll ich denn gehen?», die zwischen Jerichow und New York hin- und hergewendet wird.

Revolte intern. Betrachtungen zur Literatur der BRD, 1974

Günter Kunert
Die Endlosigkeit nennt sich «Marine Parade», besteht aus den stets einstöckigen aneinandergeklebten Häusern, durch nichts sonst ausgezeichnet als durch die junge Mitbürgerschaft eines deutschen Schriftstellers in Nummer 26. Hinter dem Parterrefenster steht er wartend, was wir beim Näherkommen erkennen, um noch

vor unserem Klingeln schattenhaft und hastig zu verschwinden. Doch kaum hat man den Knopf gedrückt, öffnet er sofort die Tür, deren Rahmen er, körperlich unübersehbar, zur Gänze ausfüllt. Karg möblierte Räume, alles renoviert; vom ersten Stock bietet sich einem ein sinistres Panorama: eine eintönige Wasserfläche.

Ein englisches Tagebuch, 1975

Hans Mayer
Über die vier Bände der *Jahrestage* von Uwe Johnson bloß in Hinweisen sprechen zu wollen bleibt ein unsinniges Wagnis. Diesem Buch muß man sich ganz aussetzen, wie dem Proust, oder es ganz bleiben lassen.

Gelebte Literatur, 1987

Michael Hamburger
Je mehr Gedanken ich mir über sein Ableben noch vor dem 50. Lebensjahre gemacht habe, desto weniger wollt's mir gelingen, es für folgerichtig oder stimmig anzusehen, für etwas anderes denn einen unermesslichen Verlust nicht allein für seine Freunde, sondern auch für seine Leser; und dies ungeachtet seiner Beendigung jenes umfangreichen Romans, der die letzten 15 Jahre seines Lebens über fast alle Energien absorbiert & aufgezehrt hatte.

Uwe Johnson – eine Freundschaft, 1985

Luise Rinser
Warum stirbt einer mit 49? War er denn krank? Er hat getrunken. Viel getrunken. Das wirds gewesen sein. Warum aber trank er? Was war da krank in ihm? Ich kannte ihn und kannte ihn doch nicht. Wir saßen uns oft gegenüber in der berliner Akademie der Künste. Wir haben nie ein Wort miteinander geredet. Er saß da, immer in schwarzer Lederjacke, mit dem kahlen Kopf, das Gesicht gerötet vom Trinken, von zu hohem Blutdruck. Eine finstere stumme Präsenz. Abwesend. Unnahbar. Undurchdringlich. Nie ein Lachen, nie ein Lächeln, nie ein offener Blick. Meist kritzelte er etwas. Aber was?

Im Dunkeln singen, 1985

Max Frisch
Ein homerisches Gedächtnis hat dieser Mann. Mecklenburg wird sich darauf verlassen dürfen.

Tagebuch 1966–1971

Horst Drescher
Die DDR wird so gewesen sein, wie Uwe Johnson sie dargestellt hat.

Meissnische Dankrede, 1992

Wolfgang Koeppen
Johnson war nicht unparteiisch, er war nur unpathetisch. Er schrieb nicht, er untersuchte. Er schloß ein Vorurteil, den eigenen Irrtum nie aus.
[…] Ich hatte Unrecht, seine Anfänge mit Angleichungen an Faulkner oder Fontane zu belasten. Die *Jahrestage* gehören in die Klasse der Gipfel, der Romane von Balzac und Zola, die Dichtung und Zeitgeschichte sind und im Handel ihrer vielen Personen im Umkreis einer Familie von Band zu Band ihr Jahrhundert vor Gericht bringen.

Ein Bruder der Massen war er nicht, 1984

Bibliographie

Die Texte des Autors wurden chronologisch, Texte über Uwe Johnson alphabetisch aufgelistet, in einigen Fällen in thematischen Gruppen zusammengefaßt. Arbeiten aus Sammelbänden wurden nur in Ausnahmen einzeln angeführt.

1. Materialien, Biographien und Bibliographien

Baumgart, Reinhard (Hg.): Über Uwe Johnson. Frankfurt a. M. 1970
Arnold, Heinz Ludwig: Uwe Johnson. In: text + kritik 65/66 (1980)
Gerlach, Rainer, Richter, Matthias (Hg.): Uwe Johnson. Frankfurt a. M. 1984
Bengel, Michael (Hg.): Johnsons «Jahrestage». Frankfurt a. M. 1985
Fellinger, Raimund (Hg.): Über Uwe Johnson. Frankfurt a. M. 1992
Berbig, Roland, Wizisla, Erdmut (Hg.): «Wo ich her bin…» Uwe Johnson in der D.D.R. Berlin 1993
Fries, Ulrich, Helbig, Holger (Hg.): Johnson-Jahrbuch, 1–7. Göttingen 1994 ff.
Gansel, Carsten, Neumann, Bernd, Riedel, Nicolai (Hg.): Internationales Uwe-Johnson-Forum 2 ff. Bern, Frankfurt a. M., Paris, New York 1992 ff.

Riedel, Nicolai: Determinanten der Rezeptionssteuerung. Dargestellt am Beispiel der multimedialen Rezeption des schriftstellerischen Werks von Uwe Johnson. Mannheim 1978
–: Marginalien zur internationalen Rezeption Uwe Johnsons. In: Basis 9, Frankfurt a. M. (1979), S. 251–258
–: Uwe Johnsons kleine Prosa in Übersetzungen. Eine Bibliographie der Drucke in Anthologien und Periodika. In: Internationales Uwe-Johnson-Forum I. Beiträge zum Werkverständnis und Materialien zur Rezeptionsgeschichte. Frankfurt a. M., Bern, New York 1989, S. 185–207
–: Uwe Johnson & die DDR – Uwe Johnson in Ostdeutschland. Bibliographische Skizze einer verhinderten/verspäteten Rezeption. In: Roland Berbig, Erdmut Wizisla (Hg.): «Wo ich her bin…» Berlin 1993, S. 355–373
–: Internationale Uwe-Johnson-Bibliographie 1959–1998. In: Michael Knoche und Reinhard Tgahrt (Hg.): Personalbibliographien zur neueren deutschen Literatur. Stuttgart 1999
Neumann, Bernd: Uwe Johnson. Hamburg 1994 (Biographie)
«Die Katze Erinnerung». Uwe Johnson – Eine Chronik in Briefen und Bildern. Zusammengestellt von Eberhard Fahlke. Frankfurt a. M. 1994

2. Das Werk Uwe Johnsons

Selbständige Arbeiten und Buchausgaben

Ernst Barlach: Der gestohlene Mond. Diplom-Arbeit [Typoskript]. Leipzig 1956
Mutmassungen über Jakob. Frankfurt a. M. 1959
Das Nibelungenlied. Mit einem Nachwort von Manfred Bierwisch. Leipzig 1961
  (Übertragung ins Hochdeutsche)
Herman Melville: Israel Potter. Seine fünfzig Jahre im Exil. Leipzig 1960 (Über-
  setzung)
Das dritte Buch über Achim. Frankfurt a. M. 1961
Knowles, John: In diesem Land. Frankfurt a. M. 1963 (Übersetzung)
Karsch, und andere Prosa. Nachwort von Walter Maria Guggenheimer. Frankfurt
  a. M. 1964, Nachwort von N. Mecklenburg 1994
Bertolt Brecht: Me-ti. Buch der Wendungen. Fragmente 1933–1956. Redaktion u.
  editorische Nachbemerkung Uwe Johnson. Frankfurt a. M. 1965
Zwei Ansichten. Frankfurt a. M. 1965
Jahrestage 1–4. Aus dem Leben von Gesine Cresspahl. Frankfurt a. M. 1970, 1971,
  1973, 1983. Als einbändige Ausgabe. Frankfurt a. M. 2000
Kleines Adreßbuch für Jerichow und New York. Ein Register zu Uwe Johnsons
  Romanen. Angelegt mit Namen, Orten, Zitaten und Verweisen von Rolf
  Michaelis. Frankfurt a. M. 1983
Eine Reise nach Klagenfurt. Frankfurt a. M. 1974
Anniversaries. From the Life of Gesine Cresspahl. Translated by Leila Vennewitz.
  New York, London 1975. A Helen and Kurt Wolff Book.
Berliner Sachen. Aufsätze. Frankfurt a. M. 1975
Das Werk von Samuel Beckett. Berliner Colloquium (Hg. zusammen mit Hans
  Mayer). Frankfurt a. M. 1975
Max Frisch. Stich-Worte. Ausgesucht von Uwe Johnson. Frankfurt a. M. 1975
Von dem Fischer un syner Fru. Ein Märchen nach Philipp Otto Runge, mit sieben
  Bildern von Marcus Behmer, einer Nacherzählung und einem Nachwort. Frank-
  furt a. M. 1976
Margret Boveri: Verzweigungen. Eine Autobiographie. Nachwort von Uwe John-
  son: Frau Boveri wußte zu viel. München, Zürich 1977
Begleitumstände. Frankfurter Vorlesungen. Frankfurt a. M. 1980
Skizze eines Verunglückten. Frankfurt a. M. 1982
Ingrid Babendererde. Reifeprüfung 1953. Mit einem Nachwort von Siegfried Un-
  seld. Frankfurt a. M. 1985
Der 5. Kanal. Frankfurt a. M. 1987
«Ich überlege mir die Geschichte…». In: Eberhard Fahlke (Hg.): Uwe Johnson
  im Gespräch. Frankfurt a. M. 1988
Porträts und Erinnerungen. Hg. von Eberhard Fahlke. Frankfurt a. M. 1988
Versuch, einen Vater zu finden. Marthas Ferien. Tonkassette und Textbuch,
  hg. von Norbert Mecklenburg. Frankfurt a. M. 1988; Rundfunklesung: 21.2.
  1978
Eine Reise wegwohin und andere kurze Prosa. Hg. von Jürgen Grambow. Berlin,
  Weimar 1989
Vergebliche Verabredung. Ausgewählte Prosa. Hg. von Jürgen Grambow, Ge-
  spräch mit Stephan Hermlin, Nachwort von Fritz Rudolf Fries. Leipzig 1992

«Entwöhnung von einem Arbeitsplatz». Hg. von Bernd Neumann. In: Schriften des Uwe Johnson-Archivs 3, Frankfurt a. M. 1992

«Wo ist der Erzähler auffindbar?» Gutachten für Verlage 1956–1958. Hg. von Bernd Neumann. In: Schriften des Uwe Johnson-Archivs 4, Frankfurt a. M. 1992

«Wohin ich in Wahrheit gehöre». In: Siegfried Unseld (Hg.): Ein Uwe Johnson-Lesebuch. Frankfurt a. M. 1994

Inselgeschichten. In: Schriften des Uwe Johnson-Archivs 5, Frankfurt a. M. 1995

Heute Neunzig Jahr. Aus dem Nachlaß hg. von N. Mecklenburg. Frankfurt a. M. 1996

Der Briefwechsel Max Frisch–Uwe Johnson. Hg. von Eberhard Fahlke. Frankfurt a. M. 1999

Uwe Johnson–Siegfried Unseld: Der Briefwechsel. Hg. von Eberhard Fahlke und Raimund Fellinger. Frankfurt a. M. 1999

Beiträge in Anthologien und Zeitschriften

Berliner Stadtbahn. In: Merkur 162, Stuttgart 1961, S. 722–733

Mir ist gelegen an Fairneß. Erklärung […] auf der Pressekonferenz des Suhrkamp Verlages am 5. 12. 61. In: Deutsche Zeitung mit Wirtschaftszeitung, 7. 12. 1961

Ich nenne Hermann Kesten einen Lügner. Uwe Johnsons Erklärung in Frankfurt. In: Die Welt, 9. 12. 1961

Jonas zum Beispiel (u. d. Titel: Besonders die kleinen Propheten). In: Frankfurter Allgemeine Zeitung, 6. 1. 1962

Offener Brief über offene Briefe. Die Nützlichkeit des Postgeheimnisses. In: Die Zeit, 13. 4. 1962

Gesamtdeutsch, provinziell («Un vocabolo tedesco»). In: Il Menabo di Letteratura, 1964; dt. abgedruckt und kommentiert von Eberhard Fahlke: Uwe Johnsons deutscher Beitrag zum Projekt einer europäischen Zeitschrift. In: Sprache im technischen Zeitalter 114 (1990), S. 108–115

Osterwasser. In: Süddeutsche Zeitung, 1. 2. 1964

Boykott der Berliner Stadtbahn. In: Die Zeit, 10. 1. 1964, S. 9 f.

Das soll Berlin sein. Antwort auf Zuschriften. In: Die Zeit, 7. 2. 1964, S. 10

Eine Kneipe geht verloren. In: Kursbuch 1, Frankfurt a. M. 1965, S. 47–72

Pro Wolf Biermann. Erklärungen von Heinrich Böll, Peter Weiss und Uwe Johnson. In: Der Tagesspiegel, 18. 12. 1965

Begegnung mit Peter Suhrkamp/‹Schicksalhaft› war es nicht. In: Die Begegnung. Jahresgruß der Buchhandlung Elwert und Meurer. Berlin 1965/66, S. 59–63

Beihilfe zum Umzug. In: Wolfgang R. Langenbucher (Hg.): Deutsche Erzählungen aus zwei Jahrzehnten. Vorwort von Heinrich Böll. Tübingen 1966, S. 311–314

Einer meiner Lehrer. In: Walter Jens, Fritz J. Raddatz (Hg.): Hans Mayer zum 60. Geburtstag. Reinbek 1967, S. 118–126

Über eine Haltung des Protestierens. In: Kursbuch 9, Frankfurt a. M. 1967, S. 177 f.

Ein Brief aus New York. In: Kursbuch 10, Frankfurt a. M. 1967, S. 189–192

Sport Fiction. In: Der Spiegel, 29. 5. 1967 (Leserbrief zu einem Artikel über Radrennen).

Eine Abiturklasse. In: Siegfried Unseld (Hg.): Aus aufgegebenen Werken. Frankfurt a. M. 1968, S. 109–123

Über eine Haltung des Protestierens. In: Tintenfisch 1, Berlin 1968, S. 8

Ein Teil von New York. In: Neue Rundschau 80, Frankfurt a. M. 1969, S. 261 bis 274

Berlin für ein zuziehendes Kind. In: Berliner Leben 2, Berlin 1969, S. 49

«Gewiss, es ist ihm eine Sache schief gegangen in Westberlin.» Zu Witold Gombrowicz; deutsch in: Eberhard Fahlke (Hg.): Uwe Johnson. Porträts und Erinnerungen. Frankfurt a. M. 1988, S. 23–26

An den Merkur. In: Merkur, München 1970, S. 794

Dead author's identity in doubt: publishers defiant [Identität des verstorbenen Autors zweifelhaft; Verleger verweigern Auskunft]. In: Karl Heinz Kramberg (Hg.): Schriftsteller schreiben ihren eigenen Nachruf. Frankfurt a. M. 1970, S. 116–124 (dt. Text S. 283–286)

Versuch, eine Mentalität zu erklären. In: Barbara Bronnen (Hg.): Ich bin Bürger der DDR und lebe in der Bundesrepublik. München 1970

Gespräch mit einem Hamburger (u. d. Titel: Was bietet Hamburg). In: Deutsches allgemeines Sonntagsblatt, 23. 8. 1970, S. 20

Nachtrag zur S-Bahn. In: Sendung des SFB «S-Bahn – eine Berliner Collage», Berlin 29. 3. 1970

Die Lüge saß in Strich und Faden. Zum Bewußtseinswandel ehemaliger DDR-Bürger. In: Der Spiegel, 30. 3. 1970

Brief an Walser. In: Peter Härtling (Hg.): Leporello fällt aus der Rolle. Zeitgenössische Autoren erzählen das Leben von Figuren der Weltliteratur weiter. Frankfurt a. M. 1971, S. 216 f.

Nachforschungen in New York. Dankesrede auf den Büchner-Preis. In: Süddeutsche Zeitung, 30. 10. 1971. Auch in: Ernst Johann (Hg.): Büchner-Preis-Reden 1951–1971. Stuttgart 1972, S. 217–240

Beisetzung Giangiacomo Feltrinelli. In: Kürbiskern 2, München 1972, S. 367–371

Die Tradition ist schon gebrochen. In: Frankfurter Allgemeine Zeitung, 30. 12. 1972

Berlin West, 30. April 1971. In: Hans-Joachim Müller (Hg.). Butzbacher Autorenbefragung. Briefe zur Deutschstunde. München 1973, S. 83 f.

Brief an Siegfried Unseld. In: Suhrkamp Information 2, Frankfurt a. M. 1973, S. 64–68

Einatmen und hinterlegen. In: Siegfried Unseld (Hg.): Günter Eich zum Gedächtnis. Frankfurt a. M. 1973, S. 74–77

Brief an eine Redaktion. In: Evangelische Kommentare 2, Stuttgart 1974, S. 105 f.

Erinnerung an Titus. In: Dieter Brusberg (Hg.): Rolf Szymanski. Werkverzeichnis der Plastiken 1958–1975. Hannover 1975

Erste Lese-Erlebnisse. In: Siegfried Unseld (Hg.): Erste Lese-Erlebnisse. Frankfurt a. M. 1975, S. 107–110

Vorschläge zur Prüfung eines Romans. In: Eberhard Lämmert (Hg.): Romantheorie. Dokumentation ihrer Geschichte in Deutschland seit 1880, Köln 1975, S. 398–403

Besuch im Krankenhaus. In: Die Zeit, 15. 8. 1975, S. 32 (über Margret Boveri)

«Mir bleibt nur, ihr zu danken.» Zum Tod von Hannah Arendt. In: Frankfurter Allgemeine Zeitung, 8. 12. 1975, S. 19

Zu Montauk. In: Walter Schmitz (Hg.): Über Max Frisch II. Frankfurt a. M. 1976, S. 448–450

Gast war ich gerne. Keine Mafia, sondern Tagung meiner Innung. In: Die Zeit, 15. 7. 1977

Ich über mich. In: Die Zeit, 4. 11. 1977

Ach! Sie sind ein Deutscher? In: Die Zeit, 6.2.1978

«Du hast mich mitgenommen in viele Gegenden…». In: Hans A. Neunzig (Hg.): Hans Werner Richter und die Gruppe 47. München 1979, S. 209 f.

Ein Schiff. In: Jürgen Habermas (Hg.): Stichworte zur «Geistigen Situation der Zeit». Band 2: Politik und Kultur. Frankfurt a. M. 1979

Ein unergründliches Schiff. In: Merkur 33, Stuttgart 1979, S. 167–170

Ein Vorbild. In: Literaturmagazin 10. Reinbek 1979, S. 167–170

Lübeck habe ich ständig beobachtet. In: Vaterländische Blätter 30/2, Lübeck 1979, S. 26–28; auch in: Hefte der Deutschen Thomas-Mann-Gesellschaft 1, Lübeck 1981, S. 51–57

Schultafel. In: Hann Trier: Gemälde, Zeichnungen, Graphiken. Retrospektive 9/10. Köln 1979, S. 45–52

Seien Sie vielmals bedankt! Mitteilungen aus der alltäglichen Nachbarschaft eines Schriftstellers. In: Die Zeit, 13.6.1980

Skizze eines Verunglückten. In: Begegnungen. Eine Festschrift für Max Frisch zum siebzigsten Geburtstag. Frankfurt a. M. 1981, S. 69–107

Ach! Sie sind ein Deutscher? In: BRD heute. Westberlin heute. Ein Lesebuch, Berlin [Ost] 1982

Krieg und Liebe. In: Die Zeit, 9.9.1983 (Das Schach von Wuthenow-Kapitel aus «Jahrestage 4»)

Wilhelm Tell von Schiller. In: Jürgen Grambow (Hg.): Eine Reise wegwohin und andere kurze Prosa. Berlin 1989, S. 344–347

Versuch, eine Mentalität zu erklären. In: Kontext 10 (3), Berlin 1990, S. 42–49

Vorschläge zur Prüfung eines Romans. In: Fenster aufstoßen… Ein Almanach von Renate Gerecke, Irmtraut Haust und Brigitte Horak. Berlin 1990, S. 126–131

Der Briefwechsel: Lieber Uwe, Lieber Herr Frisch… In: du. Die Zeitschrift der Kultur 12, Zürich 1991, S. 74–79, S. 115

«Zurück in die Heimat und weg aus ihr». In: du. Die Zeitschrift der Kultur 10, Zürich 1992, S. 68–71

Briefwechsel mit Günter Caspar. In: Elmar Faber, Carsten Wurm (Hg.): «…und leiser Jubel zöge ein». Autoren- und Verlegerbriefe 1950–1959. Berlin 1992, S. 184–195

Ich über mich. In: Rainer Gerlach, Matthias Richter (Hg.): Uwe Johnson, Frankfurt a. M. 1984, S. 16–21; auch in: Raimund Fellinger (Hg.): Über Uwe Johnson. Frankfurt a. M. 1992, S. 372–376

Twenty-five years with Jake a. k. a. Bierwisch. Fünfundzwanzig Jahre mit Jake, auch unter dem Namen Bierwisch bekannt. (Dt. Fassung von Eberhard Fahlke) In: Roland Berbig, Erdmut Wizisla (Hg.): «Wo ich her bin…». Uwe Johnson in der D. D. R. Berlin 1993, S. 51–67

Briefe an Charlotte Luthe. Hg. von Günter Holtz. In: Neue deutsche Literatur 8, Berlin 1993, S. 78–95

Good Morning, Mrs. Bachmann. Uwe Johnson schreibt Ingeborg Bachmann aus ihrer Wohnung in Rom. Das unveröffentlichte Dokument einer Freundschaft. In: du. Die Zeitschrift der Kultur 9, Zürich 1994, S. 56–62

Interviews

Y.: Arbeitsames Vergnügen. Begegnung in der Hansestadt. In: Weser-Kurier, 15.11.1959

Ruehle, Günther: Herr Abs will nach Deutschland. Über Uwe Johnson, der die

«Mutmaßungen über Jakob» schrieb. Notiert nach einem Gespräch. In: Frankfurter Neue Presse, 24. 10. 1959

Neusüss, Arnhelm: Über die Schwierigkeiten beim Schreiben der Wahrheit. Gespräch mit Uwe Johnson. In: Uwe Johnson. Hg. von Rainer Gerlach und Matthias Richter. Frankfurt a. M. 1984

«Man kann nur erzählen, was man weiß». Heinrich Thiessen: Gespräch mit Uwe Johnson. Centerum Censeo 12, Itzehoe 1961, S. 51–56

Baumgart, Reinhard: Uwe Johnson in New York. Interview mit dem Schriftsteller. In: Bayrischer Rundfunk, Sendereihe «Almanach» XIV, München 16. 5. 1961

Raeber, Kuno: Bei Uwe Johnson in Rom. In: Das Schönste, Monatsschrift Bd. 8, München 1962, S. 25–29

Nöhbauer, Hans F.: Dichter der deutschen Grenze. In: Abendzeitung, München 10. 3. 1962

Bienek, Horst: Uwe Johnson. In: Werkstattgespräche mit Schriftstellern. München 1962, S. 85–98

«Sie sprechen verschiedene Sprachen». Schriftsteller diskutieren in Alternative. Heinz von Cramer, Günter Grass, Uwe Johnson, Hermann Kant, Max Walter Schulz, Paul Wiens. In: Alternative 38/39, Berlin 1964, S. 97–100

Uwe Johnson, deux ans après le Prix Formentor. In: Les Lettres Françaises, 1964

Simonow, Konstantin, Grass, Günter, Johnson, Uwe: Übersetzen – und kennenlernen. Ein Gespräch. In: Spandauer Volksblatt, 3. 5. 1964

Uwe Johnson, Auskünfte und Abreden zu «Zwei Ansichten» (auf Fragen von Mike S. Schoelman). In: Dichten und Trachten XXVI (1965), S. 5–10; wiederabgedruckt in: Uwe Johnson. Hg. von Rainer Gerlach und Matthias Richter, Frankfurt a. M. 1984, S. 219–222

Stahlberg, Peter Michael, Schmitz, Ulrich: Begegnung mit Uwe Johnson. In: Konturen (Schülerzeitung) 18, Essen-Werden 1965, S. 6–8

Prosa ohne Pathos. Gespräch mit dem Romancier Uwe Johnson in Erlangen. In: Abendzeitung, München 15. 9. 1965

Jonas: Gespräch mit Uwe Johnson über sein neues Buch «Zwei Ansichten». In: Hamburger Abendlatt, 9. 10. 1965

Schümann, Kurt: Mit Absicht in Westberlin. Interview bei einem Besuch in Düsseldorf. In: Neue Ruhr-Zeitung, 26. 10. 1965

Frieling, Jürgen, Klewin, Rainer: Begegnung mit Uwe Johnson. In: Die Fähre (Schülerzeitung der Leibnizschule), Essen-Altenessen 1966

Wiemers, Adalbert: Keine Mutmaßungen über Johnson mehr. Ein «Vorwärts»-Gespräch. In: Vorwärts, 16. 2. 1966

Berger, David: Interview mit dem Schriftsteller Uwe Johnson über Aufenthalt, Arbeit und Erfahrungen in den USA. In: Südwestfunk, Baden-Baden 1967

Mann, Jessika: «Ich habe die Chance, vom Ausdenken von Geschichten leben zu können…» Gespräch mit Uwe Johnson. In: Die Glocke. Zeitschrift für junge Menschen 9 (1969), S. 18f.

Halstenberg, Armin: «Dichter sollte man nicht stören». Heute am Telefon: Uwe Johnson. In: Kölner Stadtanzeiger, 12. 7. 1969, S. 14

Bebber, Hendrik: In einer Phase der Angst. Ein Gespräch mit Uwe Johnson über Sozial- und Rassenprobleme in den USA. In: Nürnberger Nachrichten, 11. 11. 1970, S. 36

Gröhler, Harald: «Ich fabriziere keinen Text, ich schreibe ihn.» Ein Gespräch. In: Kölner Stadt-Anzeiger, 26. 11. 1970

Simmerding, Gertrud, Schmid, Christof (Hg.): Literarische Werkstatt. Interviews mit Dürrenmatt, Zadek, Handke, Nossack, Heissenbüttel, Bichsel und Johnson. München 1971, S. 63–72

Zimmer, Dieter E.: Eine Bewußtseinsinventur. Das Gespräch mit dem Autor: Uwe Johnson. In: Die Zeit, 26.11.1971

Jungtraitmayr, Alfred Jenny Urs: Uwe Johnson zum Büchner-Preis 1971. Interview mit dem Schriftsteller auf der Frankfurter Buchmesse über die Preisverleihung, über sein Leben, seine politische Arbeit und seinen neuen Roman «Jahrestage». In: Hessischer Rundfunk, 3.11.1971

Bronnen, Barbara: Beauftragt, Eindrücke festzuhalten. Gespräch mit dem Schriftsteller und Büchner-Preisträger von 1971, Uwe Johnson. In: Abendzeitung, München 4.12.1971, S. 8

Wie ein Roman entsteht. Grass – Bichsel – Wohmann – Johnson. In: Gertrud Simmerding und Christof Schmid (Hg.): Literarische Werkstatt. München 1972, S. 63–72

Bosch, Manfred, Konjetzky, Klaus (Hg.): Für wen schreibt der eigentlich? Gespräche mit lesenden Arbeitern. Autoren nehmen Stellung. München 1973, S. 162f.

Methner, Caroline: Wie man eine Person erfindet und dann über sie Bescheid weiß. In: Interview mit dem Berliner Schriftsteller Uwe Johnson. Berliner Zeitung, Berlin (West), 14.12.1973, S. 18

Mudrich, Heinz: Der Abiturdichter war da. Zwischen dem «Dritten Buch über Achim» und den «Jahrestagen». Saarbrücker Zeitung, 24./25.11.1973, S. 5

Lehner, Horst, Heißenbüttel, Helmut: Die letzten 123 Tage im Leben der Gesine Cresspahl? Ein Gespräch mit Uwe Johnson über den dritten Band der «Jahrestage». Süddeutscher Rundfunk, 30.11.1973; abgedruckt in: Michael Bengel (Hg.): Johnsons Jahrestage. Frankfurt a. M. 1985, S. 106–119

Ketter: Interview mit Uwe Johnson. In: Radio Television Luxemburg, Lätzebürger Programm, 7.3.1974

Prangel, Matthias: Gespräch mit Uwe Johnson. In: Deutsche Bücher 4 (1974), S. 45–49

Durzak, Manfred: Von Mecklenburg nach Manhattan. Ein Gespräch mit Uwe Johnson in Berlin. In: Bilder und Zeiten IV. Frankfurt a. M. 1974, 18.5.1974

Bruck, Werner: «Ein Bauer weiß, daß es ein Jahr nach dem anderen gibt». Interview mit Uwe Johnson. In: Süddeutsche Zeitung, 7.6.1975

Durzak, Manfred: Dieser langsame Weg zu einer größeren Genauigkeit. Gespräch mit Uwe Johnson. In: Gespräche über den Roman. Formbestimmungen und Analysen. Frankfurt a. M. 1976, S. 428–460

Lindow, Wolfgang, Schuppenhauer, Claus (Hg.): Niederdeutsch heute. Kenntnisse – Erfahrungen – Meinungen. In: Schriften des Instituts für niederdeutsche Sprache. Leer 1976, S. 123

Post-Adams, Ree: Ein Gespräch mit dem Autor. Antworten von Uwe Johnson. In: The German Quarterly 50 (1977), S. 241–247

Soldat, Hans-Georg: Gespräch mit dem Autor Uwe Johnson. In: RIAS, Berlin 25.5.1980

Höllerer, Walter: Uwe Johnson, Interview. In: Autoren im Haus. 20 Jahre Literarisches Colloquium Berlin. Berlin 1982, S. 178

Willson, A. Leslie: Ein verkannter Humorist. In: «Ich überlege mir die Geschichte». Uwe Johnson im Gespräch. Hg. von Eberhard Fahlke, Frankfurt a. M. 1988, S. 281–299

Stilett, Hans: Um eine Frau zu verstehen. Uwe Johnson und seine Heldin Gesine Cresspahl – Ein Gespräch. In: Saarbrücker Zeitung, 14.3.1984, S. 5

Daiber, Hans: Die Cooperation mit Gesine. In: Michael Bengel (Hg.): Johnsons Jahrestage. Frankfurt a. M. 1985, S. 129–132

Bengel, Michael: Gespräch mit Uwe Johnson, 19.5.83. In: Ders. (Hg.): Johnsons Jahrestage. Frankfurt a. M. 1985, S. 120–128

Osterle, Heinz D.: Todesgedanken? Gespräch mit Uwe Johnson über die «Jahrestage». In: Nicolai Riedel (Hg.): Internationales Uwe-Johnson-Forum. Frankfurt a. M., Bern, Paris, New York 1989, S. 137–168

3. Über Uwe Johnson. Aufsätze zum Werk

Allgemein

Auerochs, Bernd: Erzählte Gesellschaft. Theorie und Praxis des Gesellschaftsromans bei Balzac, Brecht und Uwe Johnson. München 1994

Batt, Kurt: Die Exekution des Erzählers. In: Sinn und Form 6, Berlin 1972, S. 1273–1277; auch in: Revolte intern. Betrachtungen zur Literatur in der Bundesrepublik Deutschland. Leipzig 1974, S. 226ff.

–: Zwischen Idylle und Metropole (1965/66). In: Revolte intern. Betrachtungen zur Literatur in der BRD. Leipzig 1974, S. 152f.

Baumgart, Reinhard: Deutsche Gesellschaft in deutschen Romanen. In: Deutsche Literatur der Gegenwart. Kritiken – Essays – Kommentare. München 1994, S. 86–102; auch in: Hans Mayer (Hg.): Deutsche Literaturkritik 4. Frankfurt a. M. 1978, S. 859–883

Becher, Marlies: Der Konjunktiv der indirekten Redewiedergabe. Eine linguistische Analyse der «Skizze eines Verunglückten». Hildesheim 1989

Bengel, Michael: Goethe war es, nicht Stalin. Uwe Johnsons Abiturklasse hat sich in Güstrow getroffen. In: Frankfurter Allgemeine Zeitung, 4.5.1991, S. 29

Berbig, Roland: «Als sei er süchtig, im Zustand einer Folter zu verharren!». In: Wirkendes Wort 42/2, Bonn 1992, S. 283–294

–, Wizisla, Erdmut: Rückgabe einer Staatsbürgerschaft? Zu Uwe Johnsons «Versuch, eine Mentalität zu erklären». In: Kontext 10, Berlin 1990, S. 50–55

Bichel, Ulf, Griephan, Hans-Joachim, de Voss, Helmut (Hg.): Mecklenburg – Land Fritz Reuters und Uwe Johnsons. Beiträge der Fritz-Reuter-Gesellschaft 1, Lübeck 1988, S. 41–88

Bierwisch, Manfred: An Béla denken. Ein Versuch über Eberhard Klemm. In: Sinn und Form 5, Berlin 1995, S. 719–728

–: Uwe Johnson und Leipzig. Ausschnitte einer Beziehung. In: Roland Berbig, Erdmut Wizisla (Hg.): «Wo ich her bin…». Berlin 1993, S. 92–98

Bond, D. Greg: «Die Toten halten zuverlässig das Maul». Über Uwe Johnson im wiedervereinigten Deutschland. In: Freitag. Berlin 11.9.1992, S. 12

Bürger, Christa: Uwe Johnson: der Erzähler. In: Peter Bürger: Prosa der Moderne. Frankfurt a. M. 1988, S. 353–382

Cambi, Fabrizio: Zur Poetik des frühen Johnson. In: Horst Dieter Schlosser, Hans Dieter Zimmermann (Hg.): Poetik. Frankfurt a. M. 1988, S. 93–109

Dahne, Gerhard: Uwe Johnson – Mutmassungen über Deutschland. In: Westdeutsche Prosa (1945–1965). Schriftsteller der Gegenwart 18, Berlin 1967, S. 149–164

Dolei, Giuseppe: Uwe Johnson und Christa Wolf zwischen National- und Weltliteratur. In: Anna Charloni, Gemma Sartori, Fabrizio Cambi (Hg.): Die Literatur der DDR. 1976–1986. Akten der Internationalen Konferenz, Pisa 1988, S. 71–78

Drescher, Horst: Zu Uwe Johnson. In: Sinn und Form 2, Berlin 1990, S. 346–353

–: Meissnische Dankrede. In: Sinn und Form 1, Berlin 1992, S. 158–163

Durzak, Manfred: Wirklichkeitserkundung und Utopie. Die Romane Uwe Johnsons. In: Der deutsche Roman der Gegenwart. Stuttgart 1971, S. 382–405

Fahlke, Eberhard: Bücher: gesammelt und geschrieben, um die Geschichte aufzuheben. Uwe Johnsons Bibliothek. In: Horst Dieter Schlosser, Hans Dieter Zimmermann (Hg.): Poetik. Frankfurt a. M. 1988, S. 110–132

–: Die Katze auf den Schultern des Riesen. Uwe Johnsons Serendip-Suche. In: Sprache im technischen Zeitalter 112, Berlin 1989, S. 315–331

–: Heimat als geistige Landschaft. Uwe Johnson und Mecklenburg. In: Börsenblatt für den deutschen Buchhandel 159/34, Frankfurt a. M. 28.4.1992, S. 166–181

Fries, Fritz Rudolf: «Die Geschichte sucht, sie macht sich ihre Form selber.» In: Kreuzer spezial, Leipzig 1992, S. 4f.

–: Die sekretierte Bibliothek III. In: Index. Anekdoten zur Literatur 1, Berlin 1991, S. 22–24

Gansel, Carsten, Grambow, Jürgen (Hg.): Biographie ist unwiderruflich… Zu Uwe Johnson. Materialien des Kolloquiums zum Werk Uwe Johnsons im Dezember 1990 in Neubrandenburg. Frankfurt a. M., Berlin, Bern 1992

Gansel, Carsten (Hg.): Wenigstens in Kenntnis leben. Neubrandenburg 1991. (Darin: Ost-West-Gespräch März 1964)

Geisthardt, Hans-Jürgen: Weltanschauung und Romanaufbau. In: Konturen und Perspektiven. Zum Menschenbild in der Gegenwartsliteratur in der Sowjetunion und der Deutschen Demokratischen Republik. Berlin 1969, S. 167–189

Goette, Jürgen-Wolfgang: «Wo endet Mecklenburg?» Aus dem Leben und Werk Uwe Johnsons. In: Mecklenburgische Vorträge 2, hg. von der Stiftung Mecklenburg, Ratzeburg 1986

Golisch, Stefanie: Uwe Johnson zur Einführung. Hamburg 1994

Gotzmann, Werner: «…wie die Sache gefingert wurde, geschoben, verpatzt». Ein Dialog mit Uwe Johnson zur deutschen Vereinheitlichung. In: Sprache im technischen Zeitalter 114, Berlin 1990, S. 123–129

–: Uwe Johnsons Testamente oder Wie der Suhrkamp Verlag Erbe wird. Berlin 1996

Grambow, Jürgen: Heimat im Vergangenen. In: Sinn und Form 38/1, Berlin 1986, S. 134–157

–: Eine Reise wegwohin. Eigene Region und das Fremde (Uwe Johnsons Rezeption in der DDR). In: Sprache im technischen Zeitalter 112, Berlin 1989, S. 306–314

–: Garantiert durch Wirklichkeit. In: Ders.: Literaturbriefe aus Rostock. Frankfurt a. M. 1990, S. 27–52

–: Uwe Johnson bei Aufbau. Notizen zu einer Vorgeschichte. In: Weimarer Beiträge 9, Berlin 1990, S. 1523–1528

–: Reden über Johnson. In: Leo Kreuzer und Jürgen Peters (Hg.): Jahrbuch für Essayistik 2. Hannover 1992, S. 89–99

Grass, Günter: Distanz, heftige Nähe, Fremdwerden und Fremdbleiben. Gespräch über Uwe Johnson. In: Roland Berbig, Erdmut Wizisla (Hg.): «Wo ich her bin…». Berlin 1993, S. 99–121

Große, Anneliese: Zur Struktur des Menschenbildes in der westdeutschen epischen Literatur der Gegenwart (1963–1965). Masch.schr. Habil.-Schrift, Berlin 1967, S. 285–298

Hamburger, Michael: Uwe Johnson – eine Freundschaft. In: Sprache im technischen Zeitalter 99, Berlin 1985, S. 2–12

Hanuschek, Sven: Uwe Johnson. Köpfe des 20. Jahrhunderts. Bd. 124. Berlin 1994

Heissenbüttel, Helmut: Und es kam Uwe Johnson. In: Reinhard Lettau (Hg.): Die Gruppe 47. Neuwied 1967, S. 156–158

Hessischer Rundfunk, Radio Bremen (Hg.): Uwe Johnson. Rostock – Berlin – Leipzig (Ausstellungskatalog). Frankfurt a. M. 1991

Hochmuth, Arno, Kessler, Horst: Ein Jüngling, der auszog, die Freiheit zu finden. In: Sonntag. Berlin 13.5.1962, S. 1 u. S. 6

Höllerer, Walter: Die Bedeutung des Augenblicks im modernen Romananfang. In: Norbert Miller (Hg.): Romananfänge. Berlin 1965, S. 344–377

Huef, Elke af: Wer war Uwe? Wer ist Johnson? In: Die Zeit, 5.8.1994, S. 42

Jäger, Manfred: Uwe Johnson in die DDR heimholen? In: Deutschland Archiv 19/3, Köln 1986, S. 248–251

Jens, Tilman: Der Unbekannte von der Themse. Auf den Spuren des toten Dichters Uwe Johnson. In: Stern 22, 24.5.1984, S. 126–136

–: Unterwegs an den Ort wo die Toten sind. Auf der Suche nach Uwe Johnson in Sheerness. München, Zürich 1984

Jurgensen, Manfred (Hg.): Johnson. Ansichten – Einsichten – Aussichten. Bern, Stuttgart 1989

Kaiser, Joachim: Uwe Johnson. In: Gerhard Hay (Hg.): Deutsche Abschiede. Mit einem Essay von Fritz J. Raddatz. München 1984, S. 445–450

Kant, Hermann: Der Jüngling im Eiskasten. In: Neues Deutschland, 18.2.1962, S. 4

Kielmann, Peter: «Aber wohin ich in Wahrheit gehöre…». In: Heimatkalender Lilienthalstadt Anklam und Umgebung (Neue Folge 2) 64, Anklam 1993, S. 80–87

Kiwus, Karin: Gegen das Vergessen. In: L 80. Zeitschrift für Politik und Kultur 30, Köln 1984, S. 5–7

Koeppen, Wolfgang: Ein Bruder der Massen war er nicht. In: Ders.: Gesammelte Werke. Band 6: Essays und Rezensionen. Frankfurt a. M. 1986, S. 426–429

Kolb, Herbert: Rückfall in die Parataxe. In: Neue Deutsche Hefte 10 (1963), S. 42–74

Krätzer, Anita: Studien zum Amerikabild in der neueren deutschen Literatur. Frisch – Johnson – Enzensberger und das Kursbuch. Frankfurt a. M. 1982, S. 95–186

Lämmert, Eberhard: «Geschichte ist ein Entwurf». Die neue Glaubwürdigkeit des Erzählens in der Geschichtsschreibung und im Roman. In: The German Quarterly 63 (1990), S. 5–18

Lehmbäcker, Heinz, Uwe Johnson: Mecklenburg. Zwei Ansichten. Mit Fotografien von Heinz Lehmbäcker und Texten von Uwe Johnson. Frankfurt am Main 2000

Lepper, K. H.: Dichtung im geteilten Deutschland. Bemerkungen zu Uwe Johnsons Erzählung «Eine Kneipe geht verloren». In: Monatshefte 60 (1968), S. 23–34

Lübbert, Heinrich: Der Streit um das Erbe des Schriftstellers Uwe Johnson. In:

Schriften des Uwe-Johnson-Archivs 7. Frankfurt a. M. 1998

Mannack, Eberhard: Zwei deutsche Literaturen? Zu G. Grass, U. Johnson, H. Kant, U. Plenzdorf und Chr. Wolf. Kronberg/Ts. 1977

Matt, Peter von: Achter Teil: Einsamkeiten. In: Ders.: Liebesverrat. Die Treulosen in der Literatur. München 1989, S. 393–440

Mayer, Hans: Ein Deutscher auf Widerruf. Bd. 2. Frankfurt a. M. 1988, S. 111 ff., S. 237

–: Uwe Johnson erzählt die DDR. In: Der Turm von Babel. Erinnerungen an eine Deutsche Demokratische Republik. Frankfurt a. M. 1991, S. 208–242

Mecklenburg, Norbert: «Märchen vom unfremden Leben». Uwe Johnson und der Sozialismus. In: Das Argument 34/192, Hamburg 1992, S. 219–233

–: Uwe Johnson als Autor einiger deutscher Literaturen. In: Literatur für Leser 1, Frankfurt a. M. 1991, S. 1–7

Meyer, Martin, Strehlow, Wolfgang: «Das sagt mir auch mein Friseur». In: Sprache im technischen Zeitalter 95, Berlin 1985, S. 170–183

Miller, Norbert: Erlebte und verschleierte Rede. In: Akzente 3 (1958), S. 213–226

Neumann, Bernd: «Nun ist dies Erbe zuende…» Über Uwe Johnsons Erfahrungen mit den Kulturverwaltern der DDR. In: Ernst Wichner, Herbert Wiesner: Die Zensur der Literatur in der DDR. Frankfurt a. M. 1993, S. 73–100

–: Leben in Friedenau, Tod in Sheerness. Erinnerungen an Uwe Johnson. In: Neue deutsche Literatur 1, Berlin 1996, S. 54–64

–: Utopie und Mimesis. Zum Verhältnis von Ästhetik, Gesellschaftsutopie und Politik in den Romanen Uwe Johnsons. Kronberg/Ts. 1978

–: Uwe Johnson und der Nouveau Roman. Komparatistische Untersuchungen zur Stellung von Uwe Johnsons Erzählwerk zur Theorie und Praxis des Nouveau Roman. Frankfurt a. M. 1992, S. 139–142

Nöldechen, Peter: Bilderbuch von Uwe Johnsons Jerichow und Umgebung. Spurensuche im Mecklenburg der Cresspahls. In: Schriften des Uwe Johnson-Archivs 2, Frankfurt a. M. 1991

Paulsen, Wolfgang: Uwe Johnson. Undine geht: Die Hintergründe seines Romanwerks. Frankfurt a. M., Bern, New York 1993

Raddatz, Fritz J.: Reise der Erinnerung. Von Mecklenburg bis New York. In: ZEITmagazin 19, 1. 5. 1992, S. 22–37

–: Auf verwischten Spuren. In: ZEITmagazin 20, 8. 5. 1992, S. 24–34

–: Heimat – das schönste Land der Welt. Spurensuche in den Städten und Landschaften Mecklenburgs. In: ZEITmagazin 21, 15. 5. 1992, S. 44–57

Radio Bremen (Hg.): Uwe Johnson in Bremen (Ausstellungskatalog). Bremen 1991

Rathjen, Friedhelm: Peadar O'Donnell (Hg.): Aus dem Briefwechsel Rathjen/ Krause (II). In: Schauerfeld. Mitteilungen der Gesellschaft der Arno-Schmidt-Leser 4, Wittlich 1992, S. 15–19

Reinhold, Ursula: Uwe Johnson. In: Geschichte der deutschen Literatur. Band 12: Literatur der BRD. Berlin 1983, S. 209 f., S. 215

Richter, Hans Werner: Aufforderung zum Tanz. In: Ders.: Im Etablissement der Schmetterlinge. München 1988, S. 173–184

Riedel, Ingrid: Wahrheitsfindung als epische Technik. Analytische Studien zu Uwe Johnsons Texten. München 1971

Riedel, Nicolai (Hg.): Uwe Johnsons Frühwerk im Spiegel der deutschsprachigen Literaturkritik. Dokumente zur publizistischen Rezeption der Romane «Mutmassungen über Jakob», «Das dritte Buch über Achim» und «Ingrid Baben-dererde». Bonn 1987

–: Postume Rehabilitierung in der Heimat. In: Passauer Pegasus. Zeitschrift für Literatur 15, Passau 1990, S. 143–147

–: Uwe Johnson, Sonderheft Risse, Zeitschrift für Literatur in Mecklenburg und Vorpommern. Rostock 1999

Rubow, Lotar: Motiv- und Strukturanalogien im Werk Johnsons und Goethes. Phil. Diss., Düsseldorf 1976

Scheuermann, Barbara: Zur Funktion des Niederdeutschen im Werk Uwe John-sons: «in all de annin Saokn büssu hie nich me-i to Hus», Johnson-Studien Bd. 2, hg. von Eberhard Fahlke, Ulrich Fries, Holger Helbig, Norbert Mecklenburg. Göttingen 1996

Schlosser, Horst Dieter: Poetik und Sprache. Zur Auffassung von Sprache in der neuen Folge der Frankfurter Vorlesungen (1979–1986). In: Horst Dieter Schlos-ser, Hans Dieter Zimmermann (Hg.): Poetik. Frankfurt a. M. 1988, S. 135–138

Schmitz, Walter: Uwe Johnson. München 1984

Scholz, Hans: Blick in den Osten zurück. Zum Tode von Uwe Johnson. In: Der Tagesspiegel, 14. 3. 1984, S. 4

Schroeder, Klaus-Henning: Was wird sich wiederholen? In: Ders.: Davids Enkel. Eine Jugend in Schwerin. Schwerin 1991, S. 221–229

Schwab, Klaus: In memoriam: Uwe Johnson. Ein Nachruf zu den Nachrufen. In: Titanic 25 (1984), S. 26

Schwarz, Wilhelm Johannes: Der Erzähler Uwe Johnson. Bern, München 1970

Seiler, Bernd W.: Von Wendisch Burg nach Jerichow. Anmerkungen zu Uwe Johnsons imaginärer Topographie. In: Wirkendes Wort 38, Bonn 1988, S. 88–111

Spaeth, Dietrich: Johnson lesen. In: die horen 2, Bremen 1992, S. 139–149

–: «Noch der Schatten dieses Riesen…». Drei Bücher über Uwe Johnson. In: die horen 40, Bremen 1995, S. 227–237

Steinmetz, Horst: Auf dem Wege zum Klassiker? Oder wie Verlag und Kollegen einem Autor in den Rücken fallen. Zu Uwe Johnsons «Max Frisch Stich-Worte». In: Manfred Jurgensen (Hg.): Frisch. Kritik – Thesen – Analysen. Beiträge zum 65. Geburtstag. Bern, München 1977, S. 181–200

Strehlow, Wolfgang: Ästhetik des Widerspruchs. Versuche über Uwe Johnsons dialektische Schreibweise. Phil. Diss., Berlin 1993

Trautwein, Wolfgang: Die Grenze als literarische Kategorie – eine Anmerkung zum Werk Uwe Johnsons. In: Sprache im technischen Zeitalter 95, Berlin 1985, S. 196–199

Uhlig, Gudrun: Autor, Werk und Kritik: Heinrich Böll, Günter Grass, Uwe John-son. Ismaning bei München 1969, S. 95–124

Ullrich, Gisela: Identität und Rolle. Probleme des Erzählens bei Johnson, Walser, Frisch und Fichte. Stuttgart 1977, S. 16–32

Unseld, Siegfried, Fahlke, Eberhard: Uwe Johnson: «Für wenn ich tot bin». In: Schriften des Uwe Johnson-Archivs 1, Frankfurt a. M. 1991

Vormweg, Heinrich: Uwe Johnson. Bestandsaufnahme vom Lauf der Welt. In: Hans Wagener (Hg.): Zeitkritische Romane des 20. Jahrhunderts. Stuttgart 1975, S. 362–380

Weiser, Hans: Klein Uwes Renkontre mit der großen Freiheit. In: Neue deutsche Literatur 3, Berlin 1962, S. 146 f.

Wohlgemuth, Joachim: Hörsaal 40, alte Uni. In: Carsten Gansel (Hg.): Wenigstens in Kenntnis leben. Neubrandenburg 1991, S. 103–117

Wolff, Helen: Ich war für ihn «die alte Dame». U. Fries und H. Helbig sprachen mit Helen Wolff über Uwe Johnson. In: Johnson-Jahrbuch 2, Göttingen 1995, S. 19–49

Wysling, Hans: An einen, der es sich schwermacht. Der Schriftsteller Uwe Johnson. In: Merkur 33, Stuttgart 1979, S. 616–619

Zetzsche, Jürgen: «Ein Stück Gegenwart erhält durch Erinnerung Vergangenheit» – Zur epischen Funktion von Photographien im Werk Uwe Johnsons. Masch.schr. Magister-Arbeit, Frankfurt a. M. 1988; auch gedruckt in: Fotogeschichte 11 (1991), S. 43–55

–: Die Erfindung photographischer Bilder im zeitgenössischen Erzählen. Zum Werk von Uwe Johnson und Jürgen Becker. Diss., Heidelberg 1994

Zu einzelnen Werken

Über «Ingrid Babendererde. Reifeprüfung 1953»:

Grüning, Uwe: «Ingrid Babendererde» – ein von der DDR-Literatur nicht angenommenes Paradigma. In: Glasbrenner. Periodicum der mecklenburgischen Literaturgesellschaft 2, Neubrandenburg 1991, S. 13–15

Mecklenburg, Norbert: Zeitroman oder Heimatroman? In: Hans-Georg Pott (Hg.): Literatur und Provinz. Das Konzept ‹Heimat› in der neueren Literatur. Paderborn u. a. 1986, S. 39–59

Strehlow, Wolfgang: Die Entstehung von Uwe Johnsons Romanwelt: Die Textfassungen seines ersten Romans: «Ingrid Babendererde» und ihre Bedeutung für die poetologische Konzeption des Romans. Magisterarbeit, Berlin 1988

Wunsch, Beate: Studie zu Uwe Johnsons früher Erzählung «Ingrid Babendererde. Reifeprüfung 1953». Frankfurt a. M. 1991

Über «Mutmassungen über Jakob»:

Bunge, Hans: Im politischen Drehpunkt. In: Alternative 7, Berlin 1964

Eggers, Ulf Konrad: Textphänomene des «Sprachrealismus» in einigen Werken deutschsprachiger «erzählender» Literatur. Uwe Johnsons «Mutmassungen über Jakob». In: Aspekte zeitgenössischer Realismustheorie, besonders des bundesdeutschen Sprachrealismus. Bonn 1976, S. 113–133

Enzensberger, Hans Magnus: Die große Ausnahme: Uwe Johnson. In: Ders.: Einzelheiten. Frankfurt a. M. 1962, S. 234–239

Fahlke, Eberhard: Die Wirklichkeiten der «Mutmassungen». Eine politische Lesart der «Mutmassungen über Jakob». In: Europäische Hochschulschriften I/424, Frankfurt a. M./Bern 1982

Geisthardt, Hans-Jürgen: Das Thema der Nation und zwei Literaturen. Nachweis an Christa Wolf und Uwe Johnson. In: Neue deutsche Literatur 6, Berlin und Weimar 1966, S. 48–69

Jeßling, Benedikt: Konstruktion und Eingedenken. Zur Vermittlung von gesellschaftlicher Praxis und literarischer Form in Goethes «Wilhelm Meisters Wanderjahre» und Johnsons «Mutmassungen über Jakob». Wiesbaden 1991, S. 139–251

Mayer, Hans: Die umerzogene Literatur. Deutsche Schriftsteller und Bücher 1945–1967. Frankfurt a. M. 1991, S. 187–197

Popp, Hansjürgen: Einführung in Uwe Johnsons Roman «Mutmassungen über Jakob». In: Der Deutschunterricht, Beiheft 1, Stuttgart 1967

Post-Adams, Ree: Uwe Johnson. Darstellungsproblematik als Romanthema in «Mutmassungen über Jakob» und «Das dritte Buch über Achim». Bonn 1977

Radtke, Werner Joachim: Untersuchungen zu Uwe Johnsons Roman «Mutmassungen über Jakob». Phil. Diss., Stanford University 1966

Schmitt, Rudolf: Methodische und didaktische Überlegungen zu Uwe Johnsons «Mutmassungen über Jakob». In: Jakob Lehmann (Hg.): Umgang mit Texten. Beiträge zum Literaturunterricht. Bamberg 1973, S. 221–230

Schober, Otto: Didaktische Skizze zu Uwe Johnsons Roman «Mutmassungen über Jakob». In: Jakob Lehmann (Hg.): Umgang mit Texten. Beiträge zum Literaturunterricht. Bamberg 1973, S. 231–250

Scholm, Kirsten: Mythos, Moderne und die Teilung Deutschlands. Zu Christa Wolfs «Der geteilte Himmel» und Uwe Johnsons «Mutmassungen über Jakob». In: Weimarer Beiträge 36/9, Berlin 1990, S. 1513–1523

Steger, Hugo: Rebellion und Tradition in der Sprache von Uwe Johnsons «Mutmassungen über Jakob». In: Ders.: Zwischen Sprache und Literatur. Göttingen 1967, S. 43–69

Wagner, Elisabeth: Form und Roman-Technik in Uwe Johnsons Werken: «Mutmassungen über Jakob» und «Das dritte Buch über Achim». Magisterarbeit, Grenoble 1969

Über «Das dritte Buch über Achim»:

Burkhard, Jörg: Uwe Johnsons Bild der DDR-Gesellschaft. «Das dritte Buch über Achim». In: Studien zur Germanistik, Anglistik und Komparatistik 117, Bonn 1988

Deschner, Karlheinz: Uwe Johnson, «Das dritte Buch über Achim». In: Ders.: Talente, Dichter, Dilettanten. Wiesbaden 1964, S. 187–202

Helbig, Holger: Beschreibung einer Beschreibung. Untersuchungen zur Erzählsituation in Uwe Johnsons Roman «Das dritte Buch über Achim». Magisterarbeit, Erlangen 1993

–: Beschreibung einer Beschreibung. Untersuchungen zu Uwe Johnsons Roman «Das dritte Buch über Achim». Diss., Göttingen 1996

Huhn, Klaus: Das vierte Buch über Täve. Berlin 1992

Klimaschewski, Adolf: Täve. Das Lebensbild eines Sportlers unserer Zeit. Berlin 1955

Migner, Karl: «Das dritte Buch über Achim». München 1966

Möller, Birgit: «Die Geschichte sucht sich ihre Form». Magisterarbeit, Kiel 1992

Pestalozzi, Karl: Achim alias Täve Schur. Uwe Johnsons zweiter Roman und seine Vorlage. In: Sprache im technischen Zeitalter 2, Berlin 1962/63, S. 479–486

Petto, Hans Dieter: Uwe Johnsons Roman «Das dritte Buch über Achim». Ein Literaturreferat. In: Eduard Schäfer (Hg.): Lerngegenstand Literatur. Studien und Unterrichtsmodelle zu Max Frisch, Peter Weiss, Ingeborg Bachmann und Uwe Johnson. Göttingen 1977, S. 103–117

Ullrich, Klaus: Unser Täve. Erweiterte Neuauflage von «Unser Weltmeister». Berlin 1959

Walser, Martin: Was Schriftsteller tun können. In: Über Uwe Johnson. Wiesbaden 1964, S. 97–100

Zimmermann, Werner: Uwe Johnsons «Das dritte Buch über Achim». Analyse des Romananfangs und Ausblick auf das Ganze. In: Deutsche Prosadichtungen unseres Jahrhunderts. Düsseldorf 1969, S. 301–311

Über «Zwei Ansichten»:

Härtling, Peter: Der Rückzug auf B. und D. In: Der Monat 17 (1965), S. 60–63

Vormweg, Heinrich: Uwe Johnson oder die Schwierigkeit mit der Verallgemeinerung. In: Ders.: Die Wörter und die Welt. Neuwied 1968, S. 97–101

Über «Jahrestage»:

Bond, D. Greg: German History and German Identy: Uwe Johnsons «Jahrestage». In: Amsterdamer Publikationen zur Sprache und Literatur 104, Amsterdam 1993, S. 47–70

Davis, Liselotte Mielau: History and Narrative Structure: «Ut mine Stromtid» by Fritz Reuter and «Jahrestage» by Uwe Johnson. Phil. Diss., Yale University, New Haven 1986

Durzak, Manfred: Mimesis und Wahrheitsfindung. Probleme des realistischen Romans. Uwe Johnsons «Jahrestage». In: Ders.: Gespräche über den Roman. Formbestimmungen und Analysen. Frankfurt a. M. 1976, S. 461–481

Fahlke, Eberhard: «Gute Nacht, New York – Gute Nacht, Berlin». Anmerkungen zu einer Figur des Protestierens anhand der «Jahrestage». In: W. Martin Lüdke (Hg.): Literatur und Studentenbewegung. Opladen 1977, S. 186–218

Fries, Ulrich: Uwe Johnsons «Jahrestage». Erzählstruktur und Politische Subjektivität. Göttingen 1990

Gerlach, Ingeborg: Auf der Suche nach der verlorenen Identität. Studien zu Uwe Johnsons «Jahrestagen». Königsstein/Ts. 1980

Gotzmann, Werner: Literarische Erfahrung von Großstadt (1922–1988). Bei Joyce – Dos Passos – Johnson – Malerba u. a. In: Europäische Hochschulschriften, Reihe 1853, Frankfurt a. M., Bern, New York 1990

Johnsons «Jahrestage», der Kommentar. Hg. von Holger Helbig, Klaus Kokol, Irmgard Müller, Dietrich Spaeth (†) und Ulrich Fries. Unter Mitarbeit von Thomas Schmidt, Birgit Funke, Thomas Geiser, Ingeborg Gerlach und Rudolf Gerstenberg. Göttingen 1999

Krätzer, Anita: Auf der amerikanischen Seite der Sprache. Komplexität und Perspektiven des Amerikabildes in Uwe Johnsons Romanwerk «Jahrestage». In: die horen 29, Heft 136, Göttingen 1984, S. 63–76

Lennox, Sara: Die New York Times in Johnsons «Jahrestagen». In: Wolfgang Paulsen (Hg.): Die USA und Deutschland. Wechselseitige Spiegelungen in der Literatur der Gegenwart. Bern, München 1976, S. 103–109

Mayer, Hans: Die unerwünschte Literatur. Deutsche Schriftsteller und Bücher 1968–1985. Berlin 1989, S. 51–74

Mecklenburg, Norbert: Erzählte Provinz. Regionalismus und Moderne im Roman. Königstein/Ts. 1982, S. 180–224

Michaelis, Rolf: Uwe Johnsons «Jahrestage». In: Fritz J. Raddatz (Hg.): ZEIT-Bibliothek der 100 Bücher. Frankfurt a. M. [1980], S. 439–442

Müller, Irmgard: Lokaltermin Richmond. Eine Untersuchung der örtlichen Begebenheiten in Richmond, Surrey, in Uwe Johnsons «Jahrestage». In: German Life and Letters, New Series 3, Oxford 1988, S. 248–270

Neumann, Bernd: Zur «jüdischen Dimension» in Uwe Johnsons «Jahrestagen». Eine biographische Annäherung aus neuester Sicht. In: Deutschunterricht 48 (1995), S. 212–215

Osterle, Heinz D.: Uwe Johnson, «Jahrestage»: Das Bild der USA. In: The German Quarterly 48 (1975), S. 505–518

Pokay, Peter: Vergangenheit und Gegenwart in Uwe Johnsons «Jahrestage». Diss., Salzburg 1983

Schiffer, Eva: Politisches Engagement oder Resignation. Weiteres zu Uwe Johnsons «Jahrestagen». In: Wolfgang Paulsen (Hg.): Der deutsche Roman und seine historischen und politischen Bedingungen. Bern, München 1977, S. 236–246

Schmidt, Thomas: Der Kalender und die Folgen. Uwe Johnsons Roman «Jahrestage». Ein Beitrag zum Problem des kollektiven Gedächtnisses. Johnson-Studien Bd. 4. Göttingen 2000

Schulz, Beatrice: Lektüren von Jahrestagen. Studien zu einer Poetik der «Jahrestage» von Uwe Johnson. Tübingen 1995

Spaeth, Dietrich: «Ich stelle mir vor». Eine Leerstelle in Uwe Johnsons Roman «Jahrestage». In: die horen 35, Heft 159, Bremen 1990, S. 151–160

Storz-Sahl, Sigrun: Erinnerung und Erfahrung. Geschichtsphilosophie und ästhetische Erfahrung in Uwe Johnsons «Jahrestagen». Frankfurt a. M. 1988

Widmann, Gudrun: «Eine Art Information, in der Form von Erzählung». Die Darstellung der Vor- und Frühgeschichte der DDR in Uwe Johnsons «Jahrestage». In: Europäische Hochschulschriften I/1263, Bern, Frankfurt a. M. 1991

Mutmassungen über Gesine. Die Verfilmung der ‹Jahrestage›. Hg. von Martin Wiebel. Frankfurt am Main 2000

Wimmer, Miriam: Assoziatives Erzählen in Uwe Johnsons «Jahrestage». Magisterarbeit, Frankfurt a. M. 1994

Über «Eine Reise nach Klagenfurt»:

Böll, Heinrich: Spurensicherung. In: Ders.: Essayistische Schriften und Reden III. Köln 1979, S. 167 f.

Ribbat, Ernst: «Wo die Toten sind». Uwe Johnsons Nekrolog auf Ingeborg Bachmann. In: Dirk Göttsche, Hubert Ohl (Hg.): Ingeborg Bachmann. Neue Beiträge zu ihrem Werk. Würzburg 1993, S. 13–23

4. Filme über Uwe Johnson

Podak, Klaus: Auf den Spuren von Gesine Cresspahl. 1983

Bechert, Hilde, Dexel, Klaus: Wohin ich in Wahrheit gehöre. 1986

Schoeller, Wilfried F.: In Jerichow und anderswo. 1991

–: Interviews, Streitreden und Monologe von und mit dem Schriftsteller, aus Fernseharchiven zusammengestellt. 1989

–: Eine Talkshow für Uwe Johnson. 1989 (mit Reinhard Baumgart, Sibylle Cramer, Martin Lüdke, Rolf Michaelis, Siegfried Unseld)

Miermeier, Jürgen: Odyssee Tod Heimkehr. 1994

Gerloff, Achim: Wasserlandschaften. Auf den Spuren Uwe Johnsons, 1996

5. Spielfilme

Trotta, Margarethe von: Jahrestage, vier Fernsehfolgen, 2000

Namenregister

Die kursiv gesetzten Zahlen bezeichnen die Abbildungen

Über den Autor

Jürgen Grambow, 1941 in Rostock geboren; Zeitungs- und Verlagsarbeit bis 1988, bis zur Abwicklung der Akademie der Wissenschaften am Zentralinstitut für Literaturgeschichte zu Berlin beschäftigt, danach wissenschaftlicher Mitarbeiter am «Pommerschen Wörterbuch», Greifswald. Promotion 1991 in Bremen. Jürgen Grambow starb 2004 in Altefähr/Rügen.

Im Schriftstellerverband seit 1986, 1993 in den P.E.N. gewählt. Johannes-Gillhoff-Preis 1994 für Herausgaben und kritische Begleitung niederdeutscher Texte.

Grambow veröffentlichte Arbeiten aus der Akademiezeitschrift «Sinn und Form» unter dem Titel «Literaturbriefe aus Rostock» im Luchterhand Verlag (Frankfurt a.M. 1990) und neuere Essays «Gezeiten der Literatur östlich der Elbe» (Hamburg 1994). Herausgeber u.a. von «Uwe Johnson. Eine Reise wegwohin und andere kurze Prosa» (Berlin 1989) sowie «Uwe Johnson. Vergebliche Verabredung» (Leipzig 1992).

Danksagung

Der Abdruck der Einführung in die *Jahrestage* erfolgt mit freundlicher Genehmigung des Suhrkamp Verlages; allen Bildgebern schuldet der Verfasser Dank, darüber hinaus Herrn Günter Grass für Anteilnahme und Auskunft, desgleichen den Ehepaaren Dr. Anneliese und Dr. Hansjürgen Klug, Käthe und Axel Walter sowie Frau Prof. Dr. Brigitte Sarry, Berlin-Zehlendorf. Die Stiftung Deutscher Literaturfonds e.V. Darmstadt ermöglichte Studien, die einem anderen, im Druck weitgehend nicht realisierten Projekt galten, dieser Darstellung aber zugute kamen. Der Dank ist überfällig. Und schließlich habe ich dem Informatiker Heiko Werner zu danken, und meiner Frau für Langmut und Mitarbeit.

Quellennachweis der Abbildungen

Horst Tappe, Montreux: 2
Klaus Podak, München: 6
Heinz Lehmbäcker, Berlin: 8, 24, 29, 32, 34, 35, 38, 42, 44 unten, 49, 54, 69
Archiv Nöldechen: 9
Archiv des Autors: 11, 13 rechts, 21, 125
Aus: Die Sächsische Akademie der Wissenschaften Leipzig und ihre Arbeitsvorhaben, 1993: 13 links
Renate von Mangoldt, Berlin: 15, 85, 96, 107, 111
Aus: Günter Grass. Vier Jahrzehnte. Ein Werkstattbericht. Hg. von G. Fritze Margull. Göttingen (Steidl) 1991: 17 (© Günter Grass)
Michael Bengel, Köln: 19, 45, 89, 101, 119, 123
Anneliese und Hans-Jürgen Klug, Güstrow: 25, 37, 47
Uwe-Johnson-Archiv, Frankfurt a. M.: 27, 84, 92 (© Toni Richter, München), 115
Peter Nöldechen: 28, 30, 40
Hans-Jürgen Wohlfahrt, Ratzeburg: 36, 77
Brigitte Sarry, Berlin: 39
Ullstein Bilderdienst, Berlin: 44 oben, 48, 63, 66, 70, 73, 75
Aufbau-Verlag (Fotoarchiv), Berlin: 51, 52
Toni Richter, München: 60
Suhrkamp Verlag, Frankfurt a. M.: 81
Aus: Ahrenshoop. Texte von Hermann Glander und Erich Venzmer. Fotos von Gerhard Vetter. Schwerin 1963: 88
Aus: Dichter und Richter. Die Gruppe 47 und die deutsche Nachkriegsliteratur. Ausstellung der Akademie der Künste. Katalog hg. von Jürgen Schutte, Elisabeth Unger und Irmtraud Gemballa. Berlin 1988: 91 (Foto Ulli Steltzer)
Aus: «Die Katze Erinnerung». Uwe Johnson – Eine Chronik in Briefen und Bildern. Zusammengestellt von Eberhard Fahlke. Frankfurt a. M. 1994: 93